20歳《ハタチ》の読書論

図書館長からのメッセージ

和田 渡 著

晃洋書房

はじめに

魂は胸底にひそんでいて、ことばは人前に出てくるが、魂に威厳がなければ、口をついて出ることばにも品位がそなわるはずがないと述べたのは、イタリアの詩人ペトラルカ（1304～1374）である。魂は目には見えないが、話されることばは聞くことができるし、書かれたことばは読むことができる。不可視の魂と感覚的なことばは密接に結びついていて、ことばは魂の素性を明らかにする。貧しい魂からは貧しいことばしか出現せず、豊かな魂からは豊かなことばが生まれる。

魂はことばの故郷である。だからといって、魂はけっして自足しているのではない。魂を貧しくするのも、豊かにするのもことばなのである。魂の資質はことばに依存している。それゆえに、ことばによって魂の世話をすることも大切だ。それがうまくいくためには、ことばの世話をすることも欠かせない。魂とことばに対する入念な配慮こそが両者の交流を豊かで、魅力的なものにしていくのだ。

魂を磨き、ことばを鍛えるのに不可欠なのが読書である。読書は、われわれがことばと深く関わる時間を生きるということである。本を読んで、考える、考えたことを書く、書いた文章を読み直しながら考える、もう一度本に戻って読むといったことばとの関係が濃密になればなるほど、ことばによって魂は鍛えられ、魂を故郷とすることばの表出もいっそう味わい深いものになる。

イタリアの作家イタロ・カルヴィーノは、好きな本を読むだけで、ひとは豊かな存在になると述べた。彼はまた、古典は読まないよりも、読んだほうがはるかによいとも述べた。長い年月を生きのびた古典によって、ひとや時代の見方が刺激され、生きる方向が決まり、人間的に成長する機会が与えられるからだ。その機会をもたずに大人になるとすれば残念なことだ。青年時代になによりも大切なもののひとつは、成長をうながす読書なのだから。本を読んで共感したり反発したり、ときに激しく打ちのめされたりする経験は、自分の狭い殻を打ち破り、ひとつ上の存在に成長するためになくてはならないものだ。いい本を読む前と後では、ひとは違った存在になる。成長するとは、精神的な変身の時間を何度でも生きて、そのつど脱皮していくということだ。

忙しくて本なんか読んでいる暇はありませんと、臆面もなく口にするひとがいる。ほかに楽しいことはいくらでもあるのに、いまさら読書のように辛気臭いことをする必要があるのかと、読書への軽蔑をあっけらかんと語るひともいる。読書することの大切な意味に無関心なひとが増えている。だが、本を遠ざけるということ、それは、貧しいままの自分にとどまって、必要な成長の機会を放棄することである。

他方で、本を心から愛し、読書の喜びを享受するひともいる。本は、われわれが普段は経験できないことを可能にしてくれる。魂の底知れぬ不気味さを描いた小説は、ひるがえって自分の魂をのぞきこむ経験を与えてくれるし、自然の風景や街並みを叙情的に詠う詩や、日常の断面を印象深く切りとる俳句は、周囲に対する観察力や注意力を高めてくれる。内容がよく分からなくても読んで面白いと感じられる本は、思考力を刺激して、自分でじっくりと考える時間を運んでくる。いい本との出会いは、極上の経験となるのだ。

春、桜の樹の下で須賀敦子の随筆を読む。初夏の浜辺でアン・モロウ・リンドバーグの思索の道筋を追いかける。秋の夕陽を浴びながらジャック・プレヴェールや中原中也の詩集をひもとく。冬の夜更けに暖かな火のそばでリチャード・フラナガンの小説の時間を共にする。それらは孤独な経験のなかで可能になる死者や生者たちとの対話のひと時だ。彼らとことばを交わす経験を通じて、魂はゆっくりと成熟へ向かう。

本を愛して、本と濃密な時間を生きよう。魂とことばを磨くために。

目次

11月 November

12月 December

3月 March

April

4月－1

本の世界に魅せられて

——外から見た日本——

沼野充義編著『つまり、読書は冒険だ。――対話で学ぶ〈世界文学〉連続講義5』（光文社、2017年）は、作家、詩人、評論家などを招いて行われた対話をまとめたシリーズの最終巻である。第1巻から第4巻までのタイトルは以下の通りである。『世界は文学でできている――対話で学ぶ〈世界文学〉連続講義』、『やっぱり世界は文学でできている――対話で学ぶ〈世界文学〉連続講義2』、『それでも世界は文学でできている――対話で学ぶ〈世界文学〉連続講義3』、『8歳から80歳までの世界文学入門――対話で学ぶ〈世界文学〉連続講義4』。これらのなかで特に興味深い対話のタイトルをいくつかあげてみる（379〜381頁参照）。「越境文学の冒険」（リービ英雄）、「詩を読む、詩を聴く」（飯野友幸）「太宰とドストエフスキーに感じる同じもの」（綿矢りさ）「いま、あらためて考える――『文学』とは何なのか」（加賀乙彦）、「『言葉を疑う、言葉でたたかう』」（アーサー・ビナード）、「外から見た日本の現代文学」（マイケル・エメリック）などである。文学に関する白熱の対話が繰り広げられており、読者に「文学を知らずに死んでいくのはもったいない」と思わせる魅力的な本になっている。

本書のタイトルは、よく本を読むひとにとっては、自明の事実であろう。読書は、座っていてもできる多種多様な世界への冒険である。われわれは読書を通じて、未知の世界に遭遇し、ときには見知らぬひとの心の奥の世界に深く入りこみ、ときにはひととひとの間の情念のドラマに翻弄させられたりして、文字通り、心身が揺さぶられるような出来事に遭遇するのだ。

編著者の沼野は、「はじめに――世界文学六カ条」のなかで、文学作品を読むことに関連する特徴を六つあげている。そのなかのふたつだけとりあげてみよう。ひとつは、「文学を読むのは体験だ」(10頁)である。沼野はこう述べている。「知識は忘れてしまえばそれまでですが、読書という体験は――たとえば読んだ小説の筋書きや登場人物の名前を忘れたとしても――一生、読んだ人間に残ります。いい本を読む前と読んだ後では、あなたは少し変わっているはずだし、世界は少し違って見えるはずです」(10～11頁)。よい本は、われわれに衝撃や感動を与え、深く考えこませる。おのれの未熟な思考や無知、狭い了見を打ち砕くのもすぐれた本である。よい本はまた、ひとや世界を見る見方に変更をもたらす。このようにして、読書は人間的な成長の経験につながる。沼野の言うように、いい本を読む前と後では違った人間に変身するのだ。自分を変えたいと願うならば、手ごたえのある本を読むのがもっとも手っ取り早い方法である。

もうひとつは、「誰もあなたの代わりに本を読んでくれない。世界文学を切り拓く冒険のヒーロー、ヒロインはあなた自身だ」(10頁)である。図書館や書店に並ぶ本は、手にとって読んでくれる読者を待ち望んでいる。読まれない本は、物体としてそこにあるにすぎないが、ひとたび読まれ始めると、本は読者のこころに入りこんで、読書の時間を無限に豊かなものへと変えてしまう。その時間を生きること、それこそが、読書の主人公として、思考や想像力を駆使して文学の世界に入りこむことなのである。

本書のなかでもっとも強く印象に残るのが、沼野とツベタナ・クリステワとの対話「心づくしの日本語――短詩系文学を語る」である。クリステワは、ブルガリアのソフィア出身で、日本の古典文学を研究してきた。対話の当時、彼女は国際基督教大学で教えている。

クリステワは、高校の最終学年頃に日本文化や文学に興味をもちはじめ、モスクワ大学の日本語・日本文学学科に入学する。数学も得意科目で選択に迷ったが、数学の教師が嫌な人物で、数学も嫌になったための結果だという。大学では、イリナ・リボヴァ＝ヨッフエという著名な日本文学研究者の先生との出会いが彼女の運命を決めた。彼女は、先生から『とはずがたり』を読むようすすめられて、古典文学研究に導かれた。

ブルガリアに戻ったクリステワは、孤独な日々のなかで、日本文学を知らないひとに、その面白さや独自性を伝えるための勉強をし、周りに相談できる研究者がいないため、ひたすらテクストを読むことに専念した。その結果、「テクスト自体を相手にして、その声が少しばかり聞き取れるようになった」(233頁)と、彼女は言う。

日本に留学した彼女は、古典文学における「涙」の問題に注目し、研究を深めていく。自国でのテクストとの格闘は、「ステレオタイプに影響されずに和歌を読み、自分なりの発見ができるための力」(同頁)を彼女に与えた。彼女は、会場の聴衆にこう伝える。「皆さんに言いたいのは、好きなことをやれば、人間はかなりのことができるということです。好きでない研究対象は、やめたほうがいいとさえ思います」(同頁)。

クリステワは、日本の現状をこう批判する。「日本古典文学の研究は、オーソリティーの世界です。誰か偉い先生が何かを言ったら、それに反論することは許されていないような雰囲気です。私はどんなに偉い先生の意見であっても、まずは疑います。決して尊敬していないわけではありません。ただ絶対的であるとは思っていないだけです。納得できる場合もあれば、できない場合もあります。とにかく、疑うことは、考えることの始まりです。だから、学生の皆さんにアドバイスしたいです。疑いなさい。私たちの言っていることも疑いなさい」(234頁)。相手の言うことを、地位や肩書きをのけて、疑ってかかることができるためには、日ごろよく考えて勉強していなければならないだろうし、保守的で閉鎖的な雰囲気に飲みこまれないだけの覚悟も必要だろう。

対話は、「和歌の消長と行く末」(239頁)に関する専門的なやりとりに移る。和歌と短歌の違い、中国文化の日本文化への影響、仮名文字の完成が日本文化にもたらしたものなどについて、つっこんだ話し合いが進み、「『あいまいさ』の詩学」(247頁)に話題が移ったところで、『源氏物語』の一部が対話のクライマックスとして登場してくる。

クリステワは、長い間『源氏物語』が嫌いだったが、「帚木」に出てくる、両義的な含みをもった歌に出会って感動し、この歌に「人生の中で求めていた大事なものがあった」(249頁)と気づく。「袖濡るる　露のゆかりと　思ふにも　なお疎まれぬ　大和撫子」(251頁)という歌である。焦点は、「なお疎まれぬ」の「ぬ」である。「ぬ」は打ち消しの意味にも、完了の意味にもとれるが、日本の研究者たちは正しい解釈はひとつしかないことに固執すると彼女は批判する。彼女は、どちらもよしとする立場だ。「紫式部があえて二つの正反対の読みを同時に表現できる『疎まれぬ』にしたのは、二つとも活かそうとしたからだ、と推測するのは、ごく自然のことでしょう」(253頁)。この解釈を発表した彼女は、尊敬している注釈者の一人から、「完了説に従わなければ、あなたの研究を支持しない」(同頁)と脅されたという。

「あれか、これか」とひとつに絞るのではなく、「あれも、これも」とふたつを認めて、「あいまいさ」を積極的に表現する和歌の文法に気づいた彼女には、「新しい宇宙」(254頁)が開かれる。彼女はまた、和歌の文法が成立した背景に、古代中国の思想である道教の影響を認めつつ、古代中国の「あいまいさの哲学」が、日本において「あいまいさの詩学」として生まれ変わったのだと自説を強調している(256頁参照)。

このようにして、クリステワは、紫式部のなかに両義性を大切にする女性を見出したのだが、それを導いたのは、時代状況を批判する次のような発言である。「たった一つの『正しいイデオロギー』のために、戦争やテロをやったりして、たった一つの『正しい考え方』のために、他者を傷つけたり殺したりする。私たちの目の前にある現実は、あまりにも醜いものです。世の中はダメになってきたんです。どうすれば良いのでしょうか。答えの一つは、『源氏物語』、日本古典文学にあると思います」(249頁)。

対話は、現代文学のなかに見られる両義性という問題に移るが、そのなかで、もう一度紫式部の和歌について議論がなされる。「疎まれぬ」の「ぬ」の二重の意味は、作者が意図的に仕掛けたものか、読者が「疎まれぬ」を二重の意味で読めるという解釈上の問題なのか、どう考えたらよいのかという沼野の質問に対して、クリステワはこう答えている。「私たちにできるのは、あらゆる『読み』の可能性を検討して、最も説得力の高いものを見分けてみることだけでしょう」(265頁)。

このように答えつつも、彼女は、両義的な意味をふくむ「疎まれぬ」に、二者択一的な決定論的な解釈を与えようとこだわるところに問題の根がひそむと言う。解釈以前の現実を見ることが大切だとして、中間領域＝あいまいな領域に焦点を合わすようになってきた相対性理論と量子力学以後の自然科学が引き合いに出される(同頁参照)。彼女はこうも発言している。「誰か若い研究者に、和歌を物理学の視点から分析してほしいものです。古代中国の『あいまいさの哲学』を物理学と関連づけて、古代日本文学の『あいまいさの詩学』を徹底的に分析してほしいです」(265〜266頁)。彼女はこう締めくくっている。「正反対の意味を同時に表す『なお疎まれぬ』のような和歌表現は、私たちの考え方に背いているでしょうが、物理学的には、決しておかしくはないということです」(266頁)。文学をそれ以外の世界に開く大胆な主張が際立っている。

おしまいに、おすすめの本が紹介されている。『古今集』の特に32番から48番までの「梅の花シリーズ」を読めば、歌を読むことの快楽が覚えられるという(282頁参照)。その他、『雨月物語』、『斜陽』、ウンベルト・エーコの『開かれた作品』と『薔薇の名前』、ジャック・デリダの『根源の彼方に—グラマトロジーについて』と『ディセミナシオン』、バーバラ・ジョンソンの『詩的言語の脱構築』、レヴィ＝ストロースの『神話と意味』がすすめられている。沼野は、クリステワの『心づくしの日本語』を推薦している。

「世界文学と愉快な仲間たち」の第2部「世界から日本へ」では、日本への留学経験をもつ7人の若手研究者が、日本との出会いや印象、日本文学の面白さなどについて、様々な角度から語っていて興味深い。何人かの発言を紹介してみよう。

ライアン・モリソン(アメリカ、近代日本文学研究者)は、20歳のときに谷崎潤一郎の『痴人の愛』のナオミに心底魅了され、大学院で日本文学を研究することを決意する。その後、20世紀のモダニストの作家たちを好んで読んでいた彼は、類似の傾向をもつ作家、石川淳に強く惹かれ、その研究成果を博士論文にまとめた。

鄭重(中国、小島信夫のテクスト分析)は、高校卒業後、親のすねをかじりながらふらふらと遊んでばかりいたが、だめ息子の将来を案じた親から日本留学をすすめられて来日した。当時は、X JAPANの歌詞ぐらいしか分からなかったという。彼は、漫画本と文庫本が充実した区立図書館で、まず一通り漫画本を読んだ後、文庫本の「あ行」からかたっぱしに読んでいく決心をした。その間に、気になる作家や、その作家と関連する作家の本も読むようになった。「こ行」まできて、小島信夫の作品と出会い、それが研究テーマとして浮上したという。彼は、ジャッキー・チェンの自伝を日本語に翻訳している（354～358頁参照）。読書に集中できる環境と、多読、精読が、彼を日本文学の研究へと導いたようである。

ウッセン・ボタゴス（カザフスタン、太宰治を中心とする比較文学研究者）は、カザフスタン大学の東洋学部に新設された日本語学科で、日本語の珍しさに惹かれて勉強し始めたという。当初、日本語の教科書は1冊しかなくて、皆でコピーし合ったという。彼女は、太宰治が用いた「女性の独白体」（362頁）に関心をもっている。太宰は、なぜ女性の文体を用いて、女性の視点で書くことを選んだのか、その深層に迫ろうとしている。

ソン・ヘジョン（韓国、多和田葉子に惹かれて研究中）は、大学で哲学を専攻するかたわら、ドイツ語、フランス語、日本語などを学び、たまたま日本に留学し、多和田葉子の作品と出会う。いまは、文学における声というテーマで彼女の研究をする一方で、朗読の活動も積極的におこなっている多和田に魅了され、ビデオカメラをもって、世界各地の文学の現場におもむき、身体性に溢れる朗読パフォーマンスを撮影し続けている。

エルジビエタ・コロナ（ポーランド、世界文学としての俳句を研究中）は、ワルシャワ大学の日本学科で学ぶ。彼女は、中学校の頃に、X JAPAN、GACKT、ポルノグラフィティなどのポップソングを聴いて、日本語の音が好きになった。日本に留学した彼女は、俳句と出会って、日本語の音の美しさを再度実感した。俳句の面白さに気づいたのは温泉旅行中のことだという。浴室の外に置かれた大きな樽に身を浸す。月が水面と肌を照らし、竹の垣根のそばには赤い椿の花。夜空からは雪が降り始めた。それまで俳句を学んでいた彼女は、そこで初めて、その瞬間の感動を俳句で伝えたいと願ったという（372頁参照）。「俳句というのはこのような特別な瞬間とごく日常の風景に新しい枠を与え、一瞬の出来事を宝石のように磨きあげてくれるからです。儚い人生の一瞬を摑み、琥珀に沈んだ虫のように周りに美しく呈示することができます」（同頁）。

彼女は、正岡子規の俳句を通して、子規の人間性や日本の文化について学んでいる。自国の風景を連想させる句として、「菜の花の中に道あり一軒家」が紹介されている。彼女は、世界を新しい角度から見たいと望むひとに、日本の俳句と、外国語で書かれた「ハイク」の両方を読むことをすすめている（374頁参照）。

日本の俳句や文学に刺激を受けて研究を深めている留学生たちの発言は、稀少な例に過ぎないかもしれないが、文学のもつ力の不変性と不滅性を感じさせてくれる。沼野は、巧みに日本語をあやつる留学生を前にして、「『日本人の君たちももっと頑張って、これくらい外国語を喋れるようにならなくちゃ駄目だよ』」（376頁）とハッパをかけているが、対話そのものは、なによりも貴重な文学作品の数々を読んで、じっくり考えて生きなさいという強いメッセージになっている。

April

4月－2

古典を読む醍醐味

――イタロ・カルヴィーノのおすすめ――

イタロ・カルヴィーノの『なぜ古典を読むのか』（須賀敦子訳、河出文庫、2012年）は、古典を読まずに生きて死ぬのはもったいないと心底から思わせてくれる、古典への最良の案内書のひとつである。ここには、彼が編集者のひとりとして加わった文学叢書の「まえがき」として書かれたものが多く集められている。長年、さまざまな古典をじっくりと読みこんだ者にして初めて書ける、ウイットと示唆に富んだ文章が満載である。エッセイの達人でもあった須賀敦子は「訳者あとがき」で、カルヴィーノのそれぞれの文章には、刈り取った麦わらのなかに輝くヤグルマソウの青のように、むねがときめく思考があちこちにきらめいていて、つぎの「青」との出会いに胸躍らせたからこそ、翻訳の困難な壁を乗りこえることができたと振り返っている（390頁参照）。

カルヴィーノ（1923〜1985）は、「20世紀文学の鬼才」、「文学の魔術師」などと呼ばれるイタリアの小説家である。キューバで生まれ、2歳のときにイタリアに帰国した。トリノ大学とフィレンツェ大学の農学部に在籍したが、その後トリノ大学の文学部に編入して文学を学んだ。第二次世界大戦末にパルチザンとして戦い、投獄や逃亡を体験し、何度も死の危険にさらされた。1947年、そのときの体験にもとづく作品『蜘蛛の巣の小道』でデビューを果たす。その後、『不在の騎士』、『見えない都市』など、幻想と寓意性に富む傑作を書き、世界的に著名な作家となった。

本書の冒頭のエッセイ「なぜ古典を読むのか」は、日ごろ古典に親しむひとにも、古典などとはまったく縁遠いひとにもぜひ読んでもらいたい。カルヴィーノ独自の、全部で14にのぼる古典の定義が、古典を読むことへの秀逸な誘いになっている。たとえば2番目の定義、**「古典とは、読んでそれが好きになった人にとって、ひとつの豊かさとなる本だ」**(11頁)。夢中になって古典を読む経験は、そこから得られる感動や思索などを通じて肥やしになるということである。長い間読みつがれてきた本には、読者の魂を変える力が秘められている。その力によって、読者は本を読む前と後では違う人間になる。「ひとつの豊かさ」とは、古い自分を脱ぎ捨てて、あたらしい自分と出会うという幸福に恵まれることを意味する。いっとき面白いだけで終わってしまうはやりものとは、そこが大きくちがうところだ。

古典の読み方はひとそれぞれだ。古典が好きになれないひとは、古典からなにも学べないし、読む力が貧弱であれば、読んでも古典はあまり響いてはこない。カルヴィーノは、青年時代に古典を読むことの二面性についてこう述べている。「若いときの読書は、忍耐が足りなかったり、気が散ったり、どう読めばいいかについての経験もなく、人生経験も浅かったりで、それほど実りのないこともある」(同頁)。他方で、「読書は、若者がやがて経験することどもの原型であったり、あるいは、それを入れる容器、比較の対象、分類の枠、価値を測定するもの、美のパラダイムなどであり得る」(同頁)。古典を読んでもさっぱり身にならないこともあれば、古典を読みこむ経験を通じて精神的な力量が養われることもある。古典によって刻みこまれた精神の痕跡は、のちの人生にも影響を及ぼしつづけるだろう。

4番目の定義はこうである。「**古典とは、最初に読んだときとおなじく、読み返すごとにそれを読むことが発見である書物である**」(12頁)。古典は、新聞や週刊誌とは違い、何度でも読み返せるし、読むたびにあらたに気づくことが増えてくる。古典の奥深い世界は、読者の成長につれてすこしずつ異なる姿を見せてくれるのである。カルヴィーノは、9番目の定義でこう述べる。「**古典とは、人から聞いたりそれについて読んだりして、知りつくしているつもりになっていても、いざ自分で読んでみると、あたらしい、予期しなかった、それまでだれにも読まれたことのない作品に思える本である**」(15頁)。彼によれば、こういうことがおきるのは、読者と本との間に火花が生じて、個人的なつながりができたときに限られる(同頁参照)。本当に好きな古典をひもとく経験は、自分と作品との親密な交流の場に身をおく、スリリングな出来事として成就するのである。このことは、11番目の定義とむすびつく。「**『自分だけ』の古典とは、自分が無関心でいられない本であり、その本の論旨に、もしかすると賛成できないからこそ、自分自身を定義するために有用な本でもある**」(16頁)。古典は、われわれにときには感動や共感だけでなく、抵抗と反発の意識をもたらす。卑小な自分が打ち砕かれることもある。その苦しみに耐えぬいて自問自答を繰り返し、思索を深めていく試みが、自己の再吟味、再定義へとつながっていく。

カルヴィーノは、古典を読むことと、そうでない本を読むこととをどう関連づけるかについて興味深いことを語っている。彼がつきつける疑問はつぎのふたつである。『もっと根本的なところでわれわれの時代を理解するのに役立つ本を読まないで、なぜ古典を読めというのか』」(17頁)。「『時事問題にかかわる印刷物がなだれのようにわれわれを圧し潰そうとするこの時代に、古典を読む時間や余裕はどこにあるのか』」(同頁)という疑問である。彼は古典一辺倒ではなく、日々出版される洪水のような印刷物にもそれなりの敬意を払いつつ、自分の理想をこう述べている。「時事問題その他は、窓の外の騒音ぐらいに思えるのがいちばんいい。窓のそとでは交通渋滞や天候不順があることを知りながら、部屋にいて古典の言説の透徹した格調たかいひびきに耳をかたむける」(18頁)のが望ましいというのだ。今日のわれわれの忙しい生活のリズムは、じっくりと古典を読むことを許さないようにも見えるが、それでもなお古典とのつながりを保っていこうというのが、彼の願望である。

このエッセイの結論はこうだ。「私たちが古典を読むのは、それがなにかに『役立つから』ではない、ということ。私たちが古典を読まなければならない理由はただひとつしかない。それは読まないより、読んだほうがいいからだ」(21頁)。古典の価値を知るひとの発言だ。今日の時代状況の理解や、社会の構造の把握に役立てるために読む本は巷にあふれている。健康維持、資産運用といった具体的な目的に役に立つような実用書も続々と出版されている。それらの多くは、実利的な目的をかなえるためには便利だろうし、暇をつぶすのにもいいだろう。しかし、かならずしも読まなくてもいい本かもしれない。それに対して、古典は読まずにすますのは惜しい本であり、読んだほうが断然いい本なのだ。なぜならば、カルヴィーノが言うように、古典には読み返すたびにあたらしい発見があるからだ。それを通じて、世界、自然、動物と植物、人間と社会、歴史に対する見方が深まってくる。

本書でカルヴィーノは、クセノポン、ディドロ、スタンダール、ディケンズ、フローベール、パヴェーゼなどの作家の作品世界を深く読みこんで、自由自在に論じている。読んでいない本は、ぜひ読みたいと思わせる筆の運びだ。以下では、スタンダールとモンターレの作品を読者にすすめる名人芸的な文章のごく一部を紹介しよう。

『パルムの僧院』入門　はじめて読む人たちのために」の最初の方で、この本の魅力がこう表現されている。「多くの若者がこの小説のはじめの何ページかを読んだだけで魅惑され、予期せずに手にとったこの作品が、比類ないすぐれた小説であると確信し、これこそずっと読みたいと思っていた小説だと思いこみ、そのあとの人生で彼らが出会うあらゆる小説の基準になる」(176頁)。この本の鮮烈な衝撃を受けた読者は数限りないだろうと、彼は推測する。「きょう私がもういちど『パルムの僧院』を手にとったとしたら、これまでの人生のさまざまな時期に再読したときと同様に、自分の好みやものの見方の変化にもかかわらず、あの本が奏でる音楽の流れの激しさ、（中略）あの冒頭の数章の語りは、私をふたたび捉えて放さないだろう」（177頁）。『パルムの僧院』を読む喜びが生き生きと伝わってくる。

ロラン・バルトも冒頭の数ページがもつ熱と歓喜に感嘆したひとりである。カルヴィーノは、遺稿となった彼の文章の結びの箇所を引用している。「そこには、フランス軍の到着によってミラノになだれこんだ幸福と快楽の量が、奇跡的に私たち読者の歓喜とうまく調和していて、語られたことの効果が、産みだされた効果と、みごとな一致をみせている」（187頁）。

「モンターレの岩礁」は、モンターレというイタリアの詩人への追悼文である。この詩人の詩のエッセンスが端的に語られる。「モンターレの詩が彼以外のものでありえないのは、その正確さ、すなわち言語表現も、リズムもそれらによって喚起されるイメージも、ぜったいに他のものと交換不可能であること」（311頁）。締めくくりはこうだ。「漠然とした、抽象的なことば、どんな用途にも合ったことば、ものを考えないため、いわないために便利なことば、公的から私的なものに蔓延する言語表現の黒死病の時代にあって、詩人モンターレは、正確さを、理由のある言語選択を、経験の唯一性をすばやく捉える目的をになって語彙の安定を追いつづけた」（同頁）。ここで2箇所に出てくる「正確さ」が伝えようとするのは、カルヴィーノによれば、「個人の倫理しか救えない、破壊の風に吹かれ、渦を巻きつづける世界」（312頁）である。「それは、第一次、第二次世界大戦の世界だ。そしてもしかしたら、第三次大戦の」（同頁）。

世界の破局を予感し、怖れるモンターレは、日常のひとこまに目をとめつつ、動乱と静謐の対比的な世界を切り取っている。「自然のなかの微小な存在までが、詩人の日々の観察のなかでは深淵をかたちづくっている」（313頁）。その例として、『烏賊の骨』所収の「アルセニオ」からの詩が引用されている。

つむじ風が、ほこりを巻き上げる
屋根に、また渦巻いては人気のない
空き地に。
ホテルのよく光る窓
ガラスのまえには、頭巾をつけた馬たちが
じっとして、土を嗅いでいる。（同頁）

モンターレの人間に対する態度は、こう表現されている。「あらゆる集団が声をそろえていう精神の共有や団結の情熱からは隔絶したモンターレではあっても、彼は、ひとりひとりの人間を、人々の人生との相互依存を忘れることはけっしてない」(同頁)。のちに、この種の相互依存は、死者の存在にまで拡張される。「年とともに彼がより頻繁に表現するようになったテーマのひとつは、死者が私たちのなかに存在するその仕方、私たちひとりひとりが独自の人格を失うことに甘んじられないという考えに依るものだ」(315頁)。

追悼文はこう締めくくられる。「彼の本を『内側』から読みつづけるということ。これが彼を生かしつづけるための保証であるのは確実だ。そして、読んでも読んでも、彼の詩は、本をひらくたびに読者を魅了し、尽きることがない」(同頁)。

繰り返しになるが、古典は何度でも読み返すことができ、そのたびにあたらしい発見ができる、豊かさをもたらしてくれる本である。どの古典でもよいので、再読の経験をもち続けてほしい。

カルヴィーノの『最後に鴉がやってくる』(関口英子訳、国書刊行会、2018年)は、1945年から49年にかけて書かれた彼の最初の短篇集である。58年に書かれた2篇も合わせておさめられている。国書刊行会が叢書「短篇小説の快楽」として出版しているシリーズの最終巻である。自伝的な小品もあれば、20代前半の青年のこころに刻まれた戦争とパルチザン闘争の記憶が息づく作品もある。カルヴィーノ自身の分類によれば、これらの短編集は、レジスタンスの物語、終戦直後のピカレスクな物語、少年と動物のお話に分かれる（322頁参照）。

表題作の「最後に鴉がやってくる」は、パルチザン部隊とドイツ兵士の戦いを背景にした作品である。主人公は、射撃の腕がずばぬけた少年である。少年は、生物、無生物を問わず、目に入る標的を的確に撃ちおとす。クライマックスは、少年に追われて岩陰に身を隠した兵士と、少年が対峙する場面だ。ふたりの上空に鴉がやってくる。少年は、兵士の予想に反して鴉に銃口を向けない。そのかわりに、松ぼっくりをひとつ、またひとつと撃ち落とし続ける。次第に兵士がじれてくる。以下は、おしまいの箇所である。「少年に鴉が見えていないなどということがあるだろうか。もしかすると、そもそも鴉なんて飛んではおらず、自分の幻影なのかもしれない。きっと死にゆく者はあらゆる種類の鳥が飛ぶのを見るものなのだろう。そしていよいよ最期というときに鴉がやってくる。いや相変わらず松ぼっくりを撃っている少年に教えてやればいいだけの話だ。そこで兵士は立ちあがり、黒い鳥を指差しながら、『あそこに鴉がいるぞ！』と叫んだ。自分の国の言葉で。／その瞬間、兵士の軍服に縫いとりされた両翼をひろげた鷲の紋章のど真ん中を、弾が撃ちぬいた。／鴉が、ゆっくりと輪を描きながら舞いおりた」（162頁）。

この小品の舞台は戦争である。少年がおもちゃのようにして扱う銃の犠牲になって、川の鱒や、空で舞う隼や、山鼠、カタツムリ、蜥蜴、蛙などが死んでいく。敵の兵士も、銃弾に倒れる。少年の心理には立ちいらず、生々しい死の場面はいっさい省かれ、淡々と死の報告だけが続く。それは、戦争の過酷さを生き延びたカルヴィーノが、事実の重みを濾過して仕上げた寓話的な戦争物語だ。

May

5月－1

幸福について考える

——水木しげるとゲーテ——

ブッダ、アリストテレス、セネカ、ショーペンハウアー、ヒルティ、アラン、ラッセル、三谷隆正、吉本隆明、ダライ・ラマなど、幸福について語ったひとは少なくない。しかし、幸福について考える余裕をもって生きたひと達と違い、忙しい日々に飲みこまれるようにして生きていると、「幸福ってなんだろう」と疑問をもったり、生きる意味や幸・不幸の意味について考えたりしている暇はない。まして、だれかの幸福論を読んでみようなどと思うこともないだろう。

とはいえ、わずらわしい人間関係や、せかされてストレスがたまる生活に疲れてしまったとき、そこからいったん距離をとって、「幸福とはなにか」、「われわれを幸せにするものはなにか」について考えてみることは、生き方を見直すきっかけになるだろう。「自分がなにをしたいのか」、「どのような生き方を望んでいるのか」について反省する機会ともなるだろう。そうした見直しや反省は、その後の人生を生きていくうえで、必ずプラスになる。それも、若いときがいい。老い先短くなり、多忙な生活が過ぎて、つきあいも減り、ストレスも少なくなる年齢になってから考え始めても遅いのだ。

水木しげるの『水木サンの幸福論』（角川文庫、2007年）は、哲学者達のいささか堅苦しい幸福論とはひと味もふた味もちがう、実体験にもとづいた、明るくユーモラスで元気の出る本である。

水木しげる（1922～2015）の育った鳥取県の境港は、いま「水木ロード」が観光スポットとなり、多くの観光客を集めている。漫画で町おこしする計画には、当初反対するひともいたようだが、さびれていた町の一角が、いまは一転して、あちこちに妖怪たちのいる愉快な散歩道に変わり、子供や大人でにぎわっている。2003年に開館した「水木しげる記念館」の運営も好調だという。

『水木サンの幸福論』は、「水木サンの幸福論」と「私の履歴書」の二部構成であり、「わんぱく三兄弟、大いに語る」と漫画「花町ケンカ大将」が特別付録として加えられている。この本で、80歳を超えた水木は、「遊びや趣味に没頭し、妖怪の探索に明け暮れた」（11頁）子供時代や、戦争に翻弄された日々を回顧しつつ、現在は、老体になっても漫画の締め切りに追われる日々だと語り、結局、幸せだったのか不幸せだったのか、それがわからなくなったと告白する。そこで彼は、幸福観察学会を作り、自分が「何十年にもわたって世界中の幸福な人、不幸な人を観察してきた体験から見つけ出した、幸せになるための知恵」（12頁）を世に広めることをめざす。その知恵が、「幸福の七カ条」として太字で示されている。全部を引用してみよう。

第一条　成功や栄誉や勝ち負けを目的に、ことを行ってはいけない。

第二条　しないではいられないことをし続けなさい。

第三条　他人との比較ではない、あくまでも自分の楽しさを追求すべし。
第四条　好きの力を信じる。
第五条　才能と収入は別、努力は人を裏切ると心得よ。
第六条　なまけ者になりなさい。
第七条　目に見えない世界を信じる。（12〜13頁）

これを読んで、すなおに納得するひともいれば、「え？　どういうこと」と違和感を覚えるひともいるだろう。水木の説明を聞いてみよう。

まず第一条。水木の観察によれば、現代人は、成功や栄誉、勝ち負けにこだわり、悲壮な顔をしてあくせく働くばかりで、好きなことに没頭する幸せをもたない（14頁参照）。子供時代に受けた教育でも、「成功者こそ幸せ」（14頁）と教えられたが、水木は納得しなかったという。だれもが成功できるとは限らない。成功ばかりを追い求めて生きていると、失敗が不幸観を強めることになる。水木のアドヴァイスはこうだ。「成功しなくてもいいんです。全身全霊で打ち込めることを探しなさい」（15頁）。

第二条は、しないではいられないことをすることの勧めだ。したいことをし、したくないことをしないですますのはよくあることだ。することが面倒で、むずかしいことは先送りして、結局しないままで終わることも少なくない。それでは、しないではいられないことはなにか。水木の答えは明快だ。「簡単なことですョ。好奇心を大事にすればいい。好奇心がわき起こったら、とことん熱中してみる。これが近道であります。そうすると、『しないではいられないこと』が姿を現してくる」（同頁）。それがわからなければ、子供時代に熱中していたことを思い出せばよいという。「人間は好きなこと、すなわち『しないではいられないこと』をするために生まれてきたんです。初心に返って、仕事にあらためて喜びを見出すのもいいし、ずっとやりたかったのに我慢していた趣味をやってみるのもいい」（16頁）。好奇心の向かうことに没頭する時間が少しでもあれば、仕事に追われてすり切れてしまうことは避けられるだろう。

第三条は、水木流奇人変人の勧めだ。周囲の目や、世間のルールなど気にせずに、本気で夢中になれることをし、自分の道を突き進んでいると、周りからは変わり者、奇人と呼ばれるようになるが、水木は「奇人は貴人」（17頁）だと言う。奇人は、「誰が何と言おうと、強い気持ちで、わがままに自分の楽しみを追い求めているのです。だから幸せなのです」（同頁）。

第五条は、いくら努力しても報われず、望む結果に結びつかないことは度々だが、好きな道を進んでいるなら、愚痴をこぼさず、ただひたすら努力するしかないというアドヴァイスである（19頁参照）。

第六条では、水木は若者には努力が必要と言う一方で、中高年には「愉快になまけるクセ」(20頁)を求めている。彼は、子供の頃から、死なない、病気にならない、働かなくてもすむという、現実にはありえないなまけ者の世界に憧れていた(20頁参照)。戦争中に知ったラバウル族に自分の憧れが実現されている幸福な世界を見出し、終戦時にはこの楽園に本気で移住することも考えたようだ(21頁参照)。年老いてからは、連載の本数を減らし、78回の「世界妖怪紀行」を行って、「なまけ術」を実践した。その結果、仕事もさらに充実したというから、結構な話である(21~22頁参照)。

第七条は、水木の妖怪讃歌である。彼は、五感で捉えられる「見える世界」のほかに「見えない世界」が広がり、そこには地獄や極楽があり、妖怪や精霊、憑き物などがうごめいているという(22頁参照)。だがいまや、妖怪達は明るい光に棲家を奪われ、絶滅の危機に瀕し、現代人はその存在を忘れ去ろうとしているので、これは大問題だと水木は憤慨する(22~23頁参照)。「いろいろな文献を読むと、かつて妖怪が盛んに活動していた昔は、現代にはない充実感のようなものが山野に満ちあふれていたようなのです。その存在感が薄れるとともに、どうも人間はつまらなくなったようです」(23頁)。漆黒の闇を恐れ、そこにただよう妖怪達の気配におののく機会を失った都会人は、影をなくして、明るいだけの平板な存在へと転落したのである。水木にとって、目に見えないものはこころの安定剤であり、元気と幸せの源泉である。「彼らは人類を活気づけ、生き生きとさせる不思議な力を持っているのです! 目に見えないものを信じなさい。そうすれば、彼らから元気と幸福を授けてもらえることでしょう」(同頁)。

おしまいの方で、水木は、もっとも強い影響を受けた「人生の大師匠」(24頁) ゲーテについて言及している。彼は、徴兵に取られて戦場に送られたときに、亀尾英四郎訳の『ゲーテとの対話』を雑嚢に忍ばせたという (同頁参照)。「『いつも遠くへばかり行こうとするのか? 見よ、よきものは身近にあるのを。ただ幸福のつかみ方を学べばよいのだ。幸福はいつも目の前にあるのだ』」(24～25頁)、「『世の中のことは何でも我慢できるが、打ち続く幸福な日々だけは我慢できない』」(25頁) など、水木を啓発したゲーテの幸福観が引用されている。

水木流の実践的な幸福論には、幸せに生きるためのヒントがつまっている。自分のせわしない生活を振り返って見るきっかけを与えてくれるのではないだろうか。

水木しげるの『ゲゲゲのゲーテ』(双葉新書、2015年) は、水木が幾度となく読んで、こころに刻みつけたゲーテの93のことばを集めたものである。表紙には、「水木サンの80%がゲーテです」とある。ゲーテの格言や箴言、警句などは、戦後も水木のこころの糧となった。本書では、山下肇訳の『ゲーテとの対話 (上・中・下)』(岩波文庫) から引用されている。

本書は、水木しげるインタビュー、第1章　ものを創り出すこと、第2章　働くこと・

学ぶこと、第3章　生きることはたいへんです、第4章　死の先にあるもの、水木しげる×武良布枝インタビュー、剣豪とぼたもち（短篇漫画）からなっている。

最初のインタビューのなかで、水木は10代の終わりごろに初めてゲーテを読んだと言う。その後、戦争と死の恐怖を克服したいと、ゲーテの文学作品の数々や、カント、ヘーゲル、ニーチェなどの哲学書も読んだが、一番頼りになるのがゲーテだったという。「ゲーテはひとまわり人間が大きいから、読んでいると自然に自分も大きくなった気がするんです」（15頁）。『ゲーテとの対話』の各所に傍線を引いて熱心に読んだのはいつですか」という質問には、こう答えている。「それは二十代のときですよ。ゲーテと比べると、ショーペンハウエルやニーチェは人間の見方が小さいというかねえ。おおまかに見るおおらかさが必要なんだけど、それがないんです」（21頁）。「馬鹿な編集者が多かったですか」（28頁）という質問に対する水木の発言はこうだ。「多いんじゃないですか。給料をもらっている人間の多くは餓死する心配がないから、あまり努力はしないし、自分を解放する技術というものがない。編集者に限らず、サラリーマンの8～9割が馬鹿なんじゃないですか」（同頁）。「では、そういう馬鹿は、どうやって生きていけばよいのでしょう」（29頁）とさらにつっこまれて、水木はこう断言する。「自分を理解することが大事ですよ。自分のことを正しく見られない人っていうのは勘も鈍いし、成功や幸せとは縁遠い。水木サンのように、ゲーテを暗記するまで読むのはいいことです」（同頁）。

つぎに、各章のなかから、いくつかゲーテのことばを引いてみよう。傍点は原文ママである。「明晰な文章を書こうと思うなら／その前に、彼の魂の中が明晰でなければだめだし、／スケールの大きい文章を書こうとするなら、／スケールの大きい性格を持たなければならない」(37頁)。まさに、「文は人なり」である。天才についてのゲーテの発言。「ほかの人びとには青春は一回しかないが、／この人びとには、反復する思春期がある」(62頁)。ゲーテの天才ぶりに、水木はこうコメントしている。「高齢で、重職にもついていたというのに、70歳を過ぎてから16、7歳の娘に結婚を申し込むんです。すごいですよ」(63頁)。ゲーテは「自分」についてこう語る。「誰でも自分自身が／一番よく知っていると思いこんでいる。／それで多くの人が失敗をし、／多くの人が長いこと迷わねばならない」(127頁)。虚栄心や自尊心、自愛心などによって、自分を見る目を曇らされてしまい、自分について勘違いして生きているわれわれへの皮肉な診断である。おしまいに、ゲーテの幸福観。「誰しも、自分自身の足元からはじめ、／自分の幸福をまず築かねばならないと思う。／そうすれば、結局まちがいなく／全体の幸福も生れてくるだろう」(168頁)。アランも述べたように、幸福は自分でつくるものだという積極的な考え方だ。

エッカーマンの『ゲーテとの対話(上・中・下)』(山下肇訳、岩波文庫、２０１８年)は、とりわけ青年に訴えかける本である。たゆまない研究を重ねて広い視野を獲得し、人間や動植物、自然を観察し続けてきた老ゲーテの発言は、奥が深く、汲みつくせない味わいをもっている。ニーチェは、本書をドイツ語で書かれた最良の本と見なした。

ゲーテ（1749〜1832）は、文学、政治、芸術、科学などの分野で巨大な足跡を残した。本書は、1823年から1832年までの約9年間の間に、ゲーテの讃美者であったエッカーマンとの間でなされた対話の記録である。エッカーマンは、「まえがき」で控えめにこう告白している。「なんと九年という歳月のあいだ私を幸福にしてくれた彼のさまざまな言葉のあふれんばかりの豊かな充実を思い、それにひきかえ、その中から私の文字にあらわすことのできたほんの僅かな部分をいま眺めてみると、この自分がまるで、さわやかな春の雨を、ひらいた両の手でけんめいに捕えようとしながら、その大部分を指の間から漏らしてしまう子供のように思えてくるのである」（上の11頁）。「この並はずれた精神的人間は、いわばどの方向にも違った色を反射してみせる多面的なダイアモンドになぞらえることができる。だから、彼ゲーテが、さまざまな状況において、またさまざまな相手に応じて、別の人間であったように、私もまた、私の場合に、ただまったく謙虚な意味で、こう言いうるにすぎない、これは私のゲーテである、と」（上の13頁）。

1827年の興味深い発言を引用してみよう。「『私たちは、みな神秘の世界をさまよっている。私たちは、まだ未知のある雰囲気につつまれている。（中略）おそらく、特殊な状態にあるときに、われわれの魂の触覚が、肉体の限界を乗り越えて、近い将来に対する予感、いや真の透視を起こすことは、たしかだろうよ』」（下の214頁）。『われわれは、誰しも自分の中に電力や磁力のようなものをそなえている。そして、同質のもの、異質のものに接触するに応じて、磁石のように、引力と付力を働かせるのだね』」（下の215頁）。ゲーテは、テレパシー、予知といった、魂に固有の働きに強い関心を示していた。

もうひとつは、読書論だ。「『みなさんは』と彼はつづけた、『本の読みかたを学ぶには、どんなに時間と労力がかかるかをご存知ない。私は、そのために八十年を費したよ。そして、まだ今でも目的に到達しているとはいえないな』」（下の297頁）。大読書家でもあったゲーテから、読書はむずかしいと言われると、背筋がひやりとする。

May

5月－2

本が開く世界

——小池昌代・川上弘美・須賀敦子——

本を読みたいが、どんな本を読んだらいいのかわからないと逡巡するひとには、すぐれた読み手の書評をのぞいてみることをすすめる。ぜひとも読んでみたいと好奇心を刺激される本がきっと見つかるはずだ。まず1冊手にとって読めば、つぎに読みたい本も出てくるだろう。

今回は、とっておきの書評書2冊と、本の記憶をしなやかな文でつづったエッセイ1冊を紹介しよう。

小池昌代の『文字の導火線』（みすず書房、2011年）は、私小説的な色合いの濃い書評集である。1冊の本にどう反応し、なにに驚き、なにを考えさせられたかが、彫りが深く、含みの多い言い回しで表現されている。本書は、言わば本を読む経験の告白書である。小池は、「あとがき」でこうしるしている。「わたしは自分が、本のなかに何を読むのかを知りません。本を読む人は迷う人です。いつも迷いながら、何かを探しに、階段を深く降りて行く人です」（211頁）。読書はひとつの不可思議な経験である。一種の冒険といってもよいかもしれない。本を読む前は、どんな経験をするのか分からない。しかし、読んだからといって、なにを経験しているのか分からないことは多い。読むことによってなにかがおこっていることは分かるが、それがなにかは判然としない。小池が言うように、本を読む人は、しばしば、迷い人になる。それでも本の世界になにかを求めて降りていくのをやめられない。迷いは消えず、深くなるばかりかもしれないが、その道を歩むのが本を読むという経験なのだ。

本書は、「人と人の間に、釣り糸をおろして」、「草をわけ、声がいく」、「灰だらけの希望に」、「無が白熱する迫力」、「煙草を吸う子供」の5部構成である。それぞれに、ばらつきはあるものの、およそ2頁程度の書評が収められている。こころに残る表現のなかから、いくつか引用してみよう。やまだ紫の『性悪猫』（小学館クリエイティブ）について、小池はこうしるす。「やまださんの漫画は切実である。こちらの感情が、思わぬところでゆらりとゆれる。画面の空白が効いていて、その白が、読み手の空虚や空漠のようなもの、鬱屈や哀しみを柔らかく包み込んでくれる。包み込みはするが、掃除機のように吸い取ってくれるわけではない。自分の内なる空漠から、むしろ目をそむけないようにと促される」（6〜7頁）。おしまいは、こう締めくくられている。「身の内を見れば、どの女もひっかき傷だらけ。おそらくそうだ。そんな内側が、いきなりめくれあがって空へと融ける。心の深部を慰藉されて、つーっと涙が湧いてくるが、それは哀しみの涙ではない」（7頁）。

石牟礼道子の『詩文コレクション6『父』』（藤原書店）に対しては、特に思いのこもった書評が捧げられている。「わたしはここに集められた文章を、最初に旅先のインド・コルカタで読んだ。インドの旅のあいだじゅう、かたわらに石牟礼道子の文章があった。読んでは揺さぶられ、ぼうぼうと泣いた」（53頁）。小池は、石牟礼道子の父についての推測をこう表現する。「石牟礼道子さんの書いた文章を読んでいると、実にしばしば、源のところに触った感じを受けるが、彼女の根本には、この父がいた。その事実にこの巻を読むと幾度もつきあたる。まぎれもない石牟礼道子個人の父であるが、文章の力は、個人を超えて、かつての日本にこのような人間が生きていたのだという、石のように確かな事実にまで読者を連れていく」（52頁）。その父が家を建てるときに、道子に言った。「家だけじゃなか、なんによらず、基礎打ちというものが大切ぞ。基礎というものは、出来上ってしまえば隠れこんで、素人の目にはよう見えん。しかし、物事の基礎の、最初の杭をどこに据えるか、どのように打つか。世界の根本を据えるのとおんなじぞ。おろそかに据えれば、一切は成り立たん。覚えておこうぞ」（54頁）。家の基礎はひとがつくり、ひとの基礎、根幹をつくるのもひとである。しかし、ひとの基礎は他人まかせにはできない。「しゃんとしろ」という父のことばの力が身にしみる。

父の死後の顚末を読んだ小池は、最後にこう述べる。「読み終えて、わたしは死者のてのひらから、熾火のような、生のぬくもりを押し当てられたような気がしている。／ここに集められた文章に出会ったことを、わたしは稀有な幸福に思う」（56頁）。

川上弘美の『大好きな本　川上弘美書評集』（文春文庫、2010年）は、新聞紙上の短い書評や、文庫本、全集の解説文を集めたものである。川上は、「あとがき」で「『好きな本があるよ、いい本があるよ、みんなもよかったら読んでね！』」（466頁）という声を聞きとってほしいと願っている。全部で144冊の本がとりあげられている。

本書の特徴のひとつは、それぞれの書評に、本のエッセンスの紹介にとどまらず、本を読んだときに生ずる身体の反応が巧みに混ぜあわされていることである。読むことが、体で感じることだという一種の体験記になっているのだ。その意味で、この書評集にも小池のそれと同様の私小説的匂いがただよう。一例をあげてみよう。レイナルド・アレナスの『夜明け前のセレスティーノ』（安藤哲行訳、国書刊行会）からの引用である。「いったい何がいいんだか、どの文章が好きなんだか、物語がどう進んでいるのだか、自分でもぜんぜんわからないまま、ただ虜になっていた。ただ体の表面全体がぞわぞわと何かを感じていた。ただ心のどこかが、読みたい、読みつづけたいと、ばかみたいに繰り返していた。ただここにある字を一つ残らずのみこみたいと願っていた。そういう感じを、久しぶりに、思い出したのだ。／快楽だろう。読書そのものの持つ快楽。純粋な。まったく意味のない。そもそも物語の中にある意味を探るということなどすっかり忘れてしまうくらい、深くて心地よい。／たとえば恋人とのくちづけのような。たっぷり汁を持つ香り高い果物を口にふくんだときのような。そんな、ただ体で感じるだけの快楽を、読書はほんの時たま与えてくれるのだった」（145〜146頁）。読書をなんとなくうっとうしい、めんどうくさいと感じているひとには意外にうつるかもしれないが、読書は官能的な経験ともなりうるものなのだ。

本書のもうひとつの特徴は、川上が、随所で読書のよろこびを直截に語っていることである。そのうちふたつをとりあげてみよう。ひとつは、須賀敦子『遠い朝の本たち』（筑摩書房）の書評のなかからの引用である。「読書のよろこびは、しかし現実から目をそむけるというところにあるのではない、ということも、著者は幾度でも語りかける。読書することによって、現実の中にあるさらに深い何かを見つけることができるようになるのですよ。そう著者は語る。／ある夜テーブルの上のコップに挿した花の香りをかいで、『春だな』と感じ、『きっと、この夜のことをいつまでも思いだすだろう』と考え、そのうえで『夜』の中の『自分』の居場所を広いこの世界の中で一瞬のうちに俯瞰する著者の意識の流れを描きだした文章が、作中にある。その文章の、なんと美しいことか。それは、本を愛することと同時に、現実の世界を愛することをしてきたひとの、厚みのある言葉ゆえの美しさである。／読書はいい。読みおわって、しみじみと思った」（30頁）。1冊の本がもたらす極上の経験が、やわらかく、やさしいことばで表現されている。

もうひとつは、清水眞砂子『そして、ねずみ女房は星を見た』（テン・ブックス）の書評のおしまいの箇所である。「物語を読むことの、よろこびと、驚きと、幾分かの苦味。読みつづけるかぎり、それらは常に姿を新たに、わたしたちを訪れつづけるということが、なんと顕かに、本書には書かれていることだろう」(259頁)。読書は、快楽の経験をもたらすだけでなく、われわれに変身を促す機会ともなるということだ。「読書はいい」、そう身をもって実感できる経験が増えれば幸いだ。

須賀敦子『遠い朝の本たち』(筑摩書房、1998年)は、幼い頃の出来事を本につなげて語る回想の書である。須賀は、病床にあっても、本書に最後まで加筆や修正をくわえ続けたという。本に対する深い愛着のこもった1冊である。

長田弘は、人間を「読書する生き物」と定義したが、須賀は、過去を現在に引き寄せて、美しく、繊細な文章でつづる「記憶のひと」である。須賀は、過ぎ去った経験の細部の諸相を見つめ、ことばによっていねいに織りあげていく。その織物が、読者には映画の映像のようにあざやかにたち現われてくる。川上弘美が書評集で言及したのは、本書の『サフランの歌』のころ」である。女学校2年のときの卒業式の日の思い出がつづられている。長くなるが引用してみよう。「小さな丸いテーブルのうえのコップにさしたミモザの、むっとするような匂いが、明かりを消した部屋の空気を濃くしていた。/春だな。それが、最初に私のあたまにうかんだことばだった。そして、そんなことに気づいた自分に私はびっくりしていた。皮膚が受けとめたミモザの匂いや空気の暖かさから、自分は春というこ とばを探りあてた。こういうことは、これまでになかった。もしかしたら、こんなふうにしておとなになっていくのかもしれない。論理がとおっているのかどうか、そこまでは考えないままに、私はそのあたらしい考えをひとりこころに漂わせて愉しんだ。／だが、その直後にあたまをよぎったもうひとつの考えは、もっと衝撃的だった。それは、『きっと、この夜のことをいつまでも思いだすだろう』というもので、まったく予期しないまま、いきなり私のなかに一連のことばとして生まれ、洋間の暗い空気のなかを生命のあるもののように駆けぬけた。『この夜』といっても、その日の昼間がごく平凡であったように、なにもとくべつのことがあったわけではない。それでも、ミモザの匂いを背に洋間の窓から首をつき出して『夜』を見ていた自分が、これらのことばに行きあたった瞬間、たえず泡だつように騒々しい日常の自分からすこし離れたところにいるという意識につながって、そのことが私をこのうえなく幸福にした。たしかに自分はふたりいる。そう思った。見ている自分と、それを思い出す自分と」（65～66頁）。

須賀は、感覚的な経験がことばによって意味的な経験に生まれ変わる瞬間に気づいた驚きを語っている。「春だな」と感じたのは「私」だが、そのことばは「私」におとずれたのである。ことばが「私」に探りあてられたそのときは、ことばがその瞬間を待っていたときでもある。そのようにして、大人になっていくということは、ことばと「私」の相互交流を深めていくことである。ことばが「私」を育て、「私」は、ことばによって生きるようになるのである。

「私」はことばに支えられて生きるが、ことばはまた、「私」が現実に経験していることから距離をとることを可能にしてくれる。「きっと、この夜のことをいつまでも思いだすだろう」という思いは、「私」のなかに生まれ、生き物のように駆けぬけたと須賀はしるす。しかし、その思いの到来を、もう一度自分のこととしてつかみなおすとき、少女時代の須賀は、自分の生涯が思い出す経験とのむすびつきなしにはありえないと悟ったのかもしれない。

石牟礼道子にとって、父の刻印はずっと消えなかったが、須賀にとっても、父は一面では導きのひとであり、生涯にわたって文学的な影響が残った。須賀は「父ゆずり」のなかでこうしるす。「父におしえられたのは、文章を書いて、人にどういわれるかではなくて、文章というものは、きちんと書くべきものだから、そのように勉強しなければいけないということだったように、私には思える。そして、文学好きの長女を、自分の思いどおりに育てようとした父と、どうしても自分の手で、自分なりの道を切りひらきたかった私との、どちらもが逃れられなかったあの灼けるような確執に、私たちはつらい思いをした。いま、私は、本を読むということについて、父にながい手紙を書いてみたい。そして、なによりも、父からの返事が、ほしい」（38〜39頁）。文章を書くことについての基礎をきびしく教えてくれた父の記憶は、「葦の中の声」のなかのつぎの一文につながっている。「やがて自分がものを書くときは、こんなふうにまやかしのない言葉の束を通して自分の周囲を表現できるようになるといい、そういったつよいあこがれのようなものが、あのとき私の中で生まれたような気もする」(107頁)。アン・リンドバーグのエッセイを読んだときに生じたことの回想である。そのあこがれがゆっくりと醸成されて、後年、先に川上の書評から引用した「現実の中にあるさらに深い何かを見つけること」が可能になったように思われる。

小池は、読書を迷い人になる経験に重ねあわせた。須賀は、それを連想させることを「アルキビアデスの箱」のおしまいで述べている。「山を歩いていて、前方の霧がふいに霽れ、自分がめざしている方向が一瞬のあいだだけ見えることがある。小学生の私がプルタルコスの話に読みとったものは、どこかそんな旅人の経験に似たものではなかったか。もちろん霧はまたすぐにすべてを包みこんでしまうから、旅人は、自分がめざしていたのはたしかあっちのほうだった、というたよりない記憶だけにたよって、ひとり歩きつづける」(195頁)。本は、ときにはひとをまどわせ、迷わせる。しかし、さまよい歩くことで、初めて出会える経験もあるのだ。

今回とりあげた3冊の著者は、いずれも「読書はいい」という思いを静かに伝えてくる。本を読む経験は、疑いもなくある種の幸福に通じている。

June

6月－1

宇宙の神秘

——太陽・地球・惑星——

与謝蕪村は、「菜の花や月は東に日は西に」と詠んだ。5・7・5の17文字のなかに、のどかに広がる春の風景をつつむダイナミックな宇宙空間を感じさせる名句である。

『旧約聖書』の「シラ書」43「主の栄光」にはこう書かれている。「かまどの火を吹く人は、灼熱の中で働くが、／太陽はその三倍の熱で山々を焦がす。／火のような熱気を吹き出し、照り輝く光線は目をくらます。／太陽を造られた主は偉大な方。／主の命令によってそれは決められた道を急ぐ」（『聖書』日本聖書協会、1999年）。日本の各地では、ひとびとは山頂から見る日の出を御来光として拝む。「太陽と死は直視できない」と述べたのは、フランスのモラリストのラ・ロシュフコーである。

古来、太陽は神話や宗教、文学・思想などの領域で、さまざまに意味づけられてきたが、近年では、科学の分野における太陽研究や宇宙論の展開がめざましい。巨大電子望遠鏡や探査機から撮影された色彩豊かで神秘的な宇宙の映像には思わず見入ってしまう。今回は、宇宙について語った興味深い3冊の本を紹介しよう。

柴田一成の『とんでもなくおもしろい宇宙』（角川書店、2016年）は、長期にわたる太陽研究の成果を一般の読者向けに書いたものである。著者は、太陽宇宙プラズマ物理学の専門家であり、京都大学花山天文台、飛騨天文台の台長をつとめている。太陽や天体で起きる爆発現象が主たる研究対象である。本書では、日が昇り、日が沈むという天動説的な観点で太陽を見ているとけっして見えてこない、太陽のリアルな姿が描かれている。「夕日百景」に見る太陽は風景を美しく飾るが、著者が語る太陽は爆発だらけで、大量の放射線も放出する危険な天体である。

本書の構成は以下のとおりである。「はじめに」、第1章　とんでもなく激しい太陽の素顔と星のスーパーフレア、第2章　超巨大な衛星、月の不思議、第3章　個性豊かな太陽系の惑星たち、第4章　スーパーフレアの謎を解くリコネクション、第5章　宇宙物理学者による地球外生命体のマジメな議論、終章　天文学者が目指す地平、「あとがき」。

第1章は、X線望遠鏡や日本の太陽観測衛星「ようこう」などによって観測可能になった太陽の活動報告が中心である。太陽は、日常的な感覚では、「暖かい光を届け、すべての生物のエネルギーの源である母なる星」(14頁)だが、天文学では、コア、放射層、対流層、光球、彩層、コロナからなると想像されている。コアで起こっている核融合反応によって、途方もないエネルギーが生まれ、それが地球に到達して、生物の生存を可能にしている。コロナは100万度もの超高温状態である。

太陽の黒点の正体は、「一種の巨大な磁石」(29頁)であり、そこで発生する磁力によって爆発が起きる。太陽の表面で頻繁に起こる爆発のなかで最大級のものがフレア、それよりも10倍以上エネルギーの大きい爆発がスーパーフレアと呼ばれる。1989年には、大フレアによって大量のプラズマ（気体が電子と陽イオンに電離した状態）が地球に向かって放出され、磁気嵐が生じた。その影響でカナダのケベック州で大停電が発生し、都市機能が麻痺し、約600万人が影響を受けたという。

１９９４年、柴田は、鹿児島県にある内之浦宇宙空間観測所で、「ようこう」から送られてきたX線画像に「大きなフレアに良く似た形の現象の痕跡」（60頁）を発見し、「かなり大量のプラズマがコロナから噴き出したに違いない」（同頁）と確信して、世界中の関係機関にメールで連絡した。その情報を受けたシカゴの電力会社は磁気嵐に備えた結果、トラブルを回避できたという。この件をとおして、柴田は、宇宙天気予報の確立が太陽研究者に課せられていると考えるようになったと述べている（61頁参照）。

第3章では、地球外生命体についての最新情報が紹介されている。ガリレオが発見した木星の衛星のエウロパやカリストは「氷で覆われた星」（110頁）であり、エウロパの場合は、氷の下に海流が存在することが明らかになった。こうした事実は、地球外生命体を研究するひとの注目を集めているという（111頁参照）。

この章では、藤原定家が書き残した『明月記』に、１０５４年に起こった超新星爆発（星の寿命がつきるときの大爆発）の観測記録が見られるという話がおもしろい。20世紀初頭に、欧米の天文学者たちは、かに星雲が秒速１０００キロメートルで膨張しているのに気づき、逆算して約１０００年前に大爆発が起こったと考え、古文書にその証拠となる記録を捜し求めた。そのひとつが日本で見つかったというわけである。グリニッジ天文台の博物館のなかには、「1054年　中国と日本の天文学者がおうし座に新たに光る星を観測。この残骸が現在のかに星雲と同定される」（127頁）という記述が見られる。

第4章では、「磁気リコネクション」（132頁）という、太陽表面での爆発に関する研究で鍵となる現象について、専門的な解説がなされている。磁気リコネクションとは、コロナに蓄積された磁場のエネルギーが、磁力線のつなぎ替わりによって、プラズマの熱エネルギーや運動エネルギーに変換される物理的な過程を指す（138頁参照）。柴田は、パチンコの玉をはさんだゴムを十分に延ばして手を離すと玉が勢いよく飛んでいくときの、ゴムが磁力線で、玉がプラズマにあたるとイメージすれば理解しやすいと述べている（143頁参照）。プラズマの衝突は、大爆発や太陽風を引き起こす。

第5章は、第3章の延長で、地球外生物の問題を扱っている。まずUFOの話題から始まる。天文学者の間でもUFOの存在については意見が分かれている。柴田自身は、未確認飛行物体という現象を認める立場に立つ（162頁参照）。「現在では、人類がいずれ地球外の知的生命体に遭遇する可能性はあると多くの研究者が考えています」（164頁）。本章では、フランク・ドレイク（アメリカの天体物理学者）が編み出した、知的生命体と出会う確率を導く数式や、エンリコ・フェルミ（物理学者）の発言に由来する「『フェルミのパラドックス』」（172頁）が紹介されている。

終章では、柴田は、宗教と科学、政治と科学について包括的な見解を述べている。科学が政治に屈することがあってはならないというのが彼の信念であろう。ジョルダノ・ブルーノは、地動説を唱え、太陽の唯一無二性を否定したために、キリスト教徒の反発を受け火あぶりの刑に処せられた。その顚末を見届けたガリレオは、裁判で自説を翻した。科学が宗教に屈服した時代であった。現代はどうか。柴田は地球温暖化に対する反応を例に取りあげる。地球の温暖化は二酸化炭素の排出量の増加に起因するとして、１９９７年の京都議定書では排出規制の方向が打ち出された。柴田は、温暖化には太陽の黒点が影響している可能性もあるとして、各国の経済的な思惑ともからむ政治的な判断を優先させるのは好ましくないと言う。彼は、黒点の数の推移を観察していると、今後は地球が寒冷化することもありうると見なしている（184～193頁参照）。

柴田は、日本における実学を重視し、基礎科学を軽視する傾向にも異議を唱えている。経済的な利益獲得を優先するあまり、宇宙研究やゴリラ研究など、お金にならない分野は冷遇されているが、それは国の根幹を揺るがす事態につながりかねないと危惧するのである（193～196頁参照）。

本書は、地球に拘束された地球中心主義的な視点の転換をうながす。地球を他の惑星との関係において見つめなおしてみるために格好の本である。

アダム・フランクの『地球外生命体と人類の未来　人新世と宇宙生物学』（高橋洋訳、青土社、２０１９年）は、天体物理学や宇宙生物学の観点から、地球外生命体や気候変動の問題を分析した本である。原題は、*Light of the Stars : Alien Worlds and the Fate of the Earth* である。彼は、ロチェスター大学天文学教授であり、星の誕生と死の研究や、数理モデルを用いた惑星と文明の共進化の研究に従事している。

本書の構成は以下のとおりである。「はじめに　惑星と文明プロジェクト」、第1章　エイリアン方程式、第2章　ロボット大使は惑星について何を語るのか、第3章　地球の仮面、第4章　計り知れない世界、第5章　最終項、第6章　目覚めた世界。

フランクは、「はじめに」でこう述べる。「科学は、たった二〇年前でさえ知られていなかった事実を明らかにしつつある。宇宙は惑星に満ちており、それらは原則的に地球と大きくは異ならない。これらの惑星の多くには、海洋や海流が存在していると予測できる数々の理由がある。そこには激しい風にさらされた山々や、朝霧に包まれて一日を開始し、降雨で終える谷が存在していることだろう」（11頁）。したがって、「地球が宇宙で唯一の生命を宿す世界ではあり得ない」（12頁）のである。地球上の文明とはことなる文明との出会いの可能性もあり、文明を相対化し、理解する地平も開かれうるということだ。

フランクによれば、革新的な科学としての「宇宙生物学」は、惑星と生命が織りなす可能性を探求する道を開き、この地球でなにが起きたのか、宇宙の別の場所でなにが起こりうるのかを示してきたという（17頁参照）。本書を導くのはつぎのふたつの問いである。「宇宙生物学による革新は、他の世界の生命、さらにはその知性や文明について何を教えてくれるのか？」（18頁）、「他の世界の生命、知性、文明は、人類の運命について何を教えてくれるのか？」（同頁）。これらの問いをベースにして科学的な探究を続ける先には、地球外生命体（エイリアン）との遭遇があるかもしれない。彼らから、巨大化するハリケーンや台風などの気候変動に起因すると考えられる地球の危機的な状況を切り抜ける方法を学べるかもしれない。フランクが宇宙生物学の未来に寄せる期待は並外れている（19〜23頁参照）。

第1章は、柴田の本の紹介でも触れた「フェルミのパラドクス」に関する話から始まる。イタリア出身の科学者エンリコ・フェルミのパラドクスはこう定式化される。「『先進技術を発達させた地球外文明がありふれているのなら、直接的、もしくは間接的な手段によって、私たちはすでに、その存在の証拠を握っていなければならない』」（27頁）。この定式に反応する天体物理学者や研究者の論文が紹介されている。

この章の後半では、先に名前を挙げたフランク・ドレイクに多くのページが割かれている。彼は、地球外文明に関する現代科学の礎石を築くのに貢献した人物である。父から、地球に似た世界が他にも存在すると聞かされた8歳のドレイクは、それを忘れず、成人して電波天文学の分野で活躍するようになった。彼は、1961年のグリーンバンク会議で、ドレイクの方程式を示した。引用内の記号を省略して、ことばだけで表現すれば、『私たちが電波を受け取ることのできる地球外文明の数は、一年間に生じる恒星の数、惑星をともなう恒星の割合、生命が誕生し得る惑星の数、生命が実際に誕生する惑星の割合、知性が進化する惑星の割合、その知性によって技術文明が発達する割合、それらの文明の平均寿命を掛け合わせたものに等しい』」（55〜56頁）というものである。それ以後、この方程式は、「宇宙生物学者に考える道筋を与え、その過程を通じて、生命、文明、私たち自身を理解するあり方を変えた」（58頁）という。

第2章以降もスリリングな内容だ。地球の気候変動や温室効果に関する新しい知見の獲得を可能にする金星や火星研究、生命と地球の「共進化」をさぐる地球システム科学研究、ドレイク方程式の検討、地球以外の惑星や衛星の文明の可能性を視野に入れた宇宙生物学の展開など、話題はつきない。

ジョージ・チャム＋ダニエル・ホワイトソンの『僕たちは、宇宙のことぜんぜんわからない　この世で一番おもしろい宇宙入門』（水谷淳訳、ダイヤモンド社、２０１８年）は、副題どおり、楽しく読める本である。原題は、*We Have No Idea A Guide to the Unknown Universe* である。ダークマター、ダークエネルギー、空間、時間、宇宙線、ビッグ・バンなどについて、だれが読んでも分かるように書かれている。

ジョージ・チャムは漫画家、ダニエル・ホワイトソンは、現在はカリフォルニア大学アーヴァイン校の実験素粒子物理学教授である。欧州原子核研究機構でも研究をおこなっている。

本書は以下の構成である。「はじめに」、第1章「宇宙は何でできているの？——君はすごく珍しくて特別だ」から、第17章「宇宙で僕らはひとりぼっちなの？——どうしてまだ誰も来てくれないの？」、「『まとめ』みたいなもの——究極の謎」。

最初と最後の章のごく1部を紹介しよう。第1章では、宇宙研究の現状報告だ。宇宙のなかでわれわれが不完全であれ知っている物質は5％にすぎず、27％に相当する「ダークマター」についてはほとんど詳しいことは不明で、残りの68％は全然分かっていないという。「1頭のゾウを何千年もかけて調べていたら、ある日突然、いままで尻尾しか見ていなかったことに気づいた。そんな感じなのだ！」(9頁)。陸上の地図のいたるところには名前がついているが、宇宙の探検はまだ始まったばかりなのだ。

第17章は、ドレイク方程式を利用したエイリアン探しの章である。「エイリアンはどこかにいるのだろうか？」、少年が懐くようなこうした疑問を研究につなげる天文学者もいるのだ。広大な宇宙のどこかには、別の文明が誕生し、人類との交信を望むエイリアンがいるかもしれない。著者は、宇宙の広さをこう表現している。「信じられないほど広い宇宙に何十億もの銀河があって、その銀河1つ1つには、何千億もの恒星や惑星がばらばらに散らばっている」(428頁)。しかし、宇宙の大きさや、惑星の数などは確実に分かり始めているという(429頁参照)。今後の宇宙研究に期待が高まる。

今回取りあげた3冊の本は、地球を他の惑星との関連でとらえる観点を提供してくれる。宇宙を探求する学問の切り開く地平をかいま見ることもできる。たまには、スマホの小さな窓を閉じて、広大な宇宙空間に目を向けてほしい。

June

6月－2

植物礼讃

——植物たちが教えてくれること——

田中修の『植物はすごい　生き残りをかけたしくみと工夫』（中公新書、2012年）は、植物たちへの愛情とリスペクトに満ちた本である。田中は、「おわりに」で、植物たちを五感で感じとり、こころで味わうだけでなく、植物たちの生き方について考えてみてほしい、そうすれば、彼らのかしこさ、生きるための巧みな工夫、逆境に耐えるための並々ならぬ努力に気づくだろうと述べる（233頁参照）。この本の中心的なメッセージは、こうだ。「植物たちが、私たちと同じしくみで生き、同じ悩みを抱え、その悩みを解くために懸命に努力している姿を知ることができます。草花や樹木、おコメや野菜や果物、切り花や生け花、林や森、山が語りかけてくるように感じられるようになるでしょう。植物たちが私たちと同じ生き物であり、いっしょに生きていると実感できます」（233頁）。しばしば、人間の生活の邪魔になる植物は、雑草とひとくくりにされ、引きぬかれたり、刈りとられたりと残酷な仕打ちをうける。人間と植物との間での酸素と二酸化酸素のやりとりについて知識として知っていても、著者と同じような目線で植物たちの生きる喜びや苦しみに共感できるひとはまれだろう。植物たちがどのようにして生きているのかに思いをはせるひともそれほど多くはないだろう。本書は、そんなひとたちに植物への見方の変更をせまる一冊である。

本書の章立ては以下の通りである。第1章　自分のからだは、自分で守る、第2章　味は、防衛手段！　第3章　病気になりたくない！　第4章　食べつくされたくない！　第5章　やさしくない太陽に抗して、生きる、第6章　逆境に生きるしくみ、第7章　次の世代へ命をつなぐしくみ。前半部では、「植物たちのからだを守る知恵と工夫の〝すごさ〟」（ⅲ頁）、後半部では、「植物たちが環境に適応し逆境に抗して生きていくためにもっている、しくみの〝すごさ〟」（同頁）に焦点があてられている。

第1章では、食べ物を食べないと生きられない動物との対比で、光合成によって生命を維持し、成長する植物の生き方や、生きのびるための戦略について語られる。その戦略を、著者は植物の気持ちになって、「『少しぐらいなら、食べられてもいい』」（1頁）と表現する。動物に食べてもらって、タネを遠くに運んでもらわないと困る植物がいるのだ。しかし、「食べられたくない！」（16頁）と願う植物たちもいる。そのために彼らが身につける鋭いトゲの効用についても具体的に語られていて、面白く読める。

第2、第3章では、動物や病原菌から身を守るために、渋み、甘みといった味や、ネバネバの液体や香りなどを巧みに利用する植物が登場する。

第4章は、「食べつくされたくない！」（95頁）と望む植物のなかには、有毒物質で身を守るものもあるという話で、「アコニチン」というトリカブトの有毒物質や、アジサイの葉っぱに含まれる青酸物質などに言及されている。

第5、第6章では、植物たちが、強い紫外線を含む太陽の光にどのように立ち向かい、暑さや乾燥に負けないためにどのような戦略をとっているかが詳しく語られている。

第7章は、タネがなくても、あるいは、花粉がなくても子どもをつくれる植物や、仲間と強い絆で結ばれている植物などの話である。

いずれの章からも、植物の「すごさ」を教えられる。それと同時に、読み終えたあとでは、苦労して必死に生きている植物たちの生き方に驚き、感動をおぼえる。

著者には、『緑のつぶやき』（青山社）、『ふしぎの植物学』（中公新書）、『入門たのしい植物学』（講談社ブルーバックス）など多くの類書がある。本書に興味をおぼえたひとは、読書範囲を広げて、植物たちとの交流をさらに深めてほしい。

ステファノ・マンクーゾの『植物は〈未来〉を知っている9つの能力から芽生えるテクノロジー革命』（久保耕司訳、NHK出版、2018年）は、2013年に出版された『植物は〈知性〉をもっている　20の感覚で思考する生命システム』の続編である。原題は「植物革命――植物はすでに私たちの未来を創っている」である。前作は、植物が知性と20の驚異的な感覚を駆使して懸命に生きている姿を浮き彫りにした傑作である。本書は植物が人間たちの未来の発展に貢献しうることを、植物型ロボットの開発、植物のからだを参考にした建築といった具体例を通して明らかにしている。色鮮やかなカラー写真が美しい。本書からも、「植物のすごさ」を教えられる。

マンクーゾは、フィレンツェ大学付属国際植物ニューロバイオロジー研究所の所長として植物研究を続けている。他方で、植物学者たちの列伝や、対談集などの一般向けの本も書いている。近年は、本と音楽のコラボレートをめざしてマルチメディアプロジェクトを展開している（286頁参照）。

本書は、「記憶力～脳がなくても記憶できる、繁殖力～植物からプラントイドへ、擬態力～すばらしい芸術、運動能力～筋肉がなくても動く、動物を操る能力～トウガラシと植物の奴隷、分散化能力～自然界のインターネット、美しき構造力～建築への応用、環境適応能力～宇宙の植物、資源の循環能力～海を耕す」の全9章からなっている。そこに一貫しているのは、植物のもつ力を讃え、植物から学ぼうとする姿勢である。

われわれは植物に依存して生きているにもかかわらず、植物について知らないことが多すぎると、著者は指摘する。2015年の1年間だけで、2034の新種の植物が発見され、この10年間でも毎年2000種以上の新種が見つかっているのだ（12頁参照）。植物がわれわれに教えてくれることは無尽蔵といってもいい。

現在、全植物種の約10分の1が、医療目的、食物、建築用の資材、動物のえさ、毒物などとして利用されており、新種の発見によって、今後は別のなにかを作る材料として植物を用いるだけでなく、植物からなにかを学ぶこともできるだろうと著者は言う（同頁参照）。「植物は、私たちが生きる現代という時代にふさわしい〝モデル〟だ。（中略）何かをつくる材料からエネルギーの自給自足まで、また環境に対する抵抗力から適応戦略まで、植物は私たち人間が抱えるさまざまな問題に対してはるか昔から優れた解決策を見つけていた。植物についてほんの少し知るだけでも、そのことがわかるだろう」（13頁）。

著者によれば、多くの構成要素が機能的にまとまりながら、各部分が交換可能なモジュール構造をもつ植物は、中心が不在でも、互いが協力する分散構造を備えているがゆえに、災害や環境の変化にも適応できる。それを可能にするのが、高度に進化した感覚能力である（16頁参照）。植物は、「感覚系によって、環境を効率よく調査し、被害をもたらしかねない出来事に対して迅速に反応することができる。たえず成長しつづける根の先端の優れたネットワークを活用し、環境資源を利用するために土壌を精力的に調査するのだ。現代のシンボルであるインターネットが、植物の根に似た構造をしているのは偶然ではない」（同頁）。環境にうまく適応して生きぬく植物のありかたは、環境や食糧問題などの危機に立ち向かわなければならない人間に多くの示唆を与えている。

以下で、各章のほんのさわりを紹介してみよう。興味深い章が見つかれば、ぜひ本書を手にとって読んでほしい。

第1章では、かつてパリで行なわれたという実験を現代風に改良した「ラマルク&デフォンテーヌ実験」によって、オジギソウが記憶する力をもっており、記憶力は40日以上も保たれることが分かったという話が特に興味深い。「脳をもたない生物の記憶力がどのように機能するのかがわかれば、植物の記憶の謎を解き明かすだけではなく、私たち人間の記憶力がどのように働いているのかを解明することにも役立つだろう」(35頁)。

第2章では、著者の「プラントイド」(植物型ロボット)というアイデア(2003年)が実現するまでの苦闘が語られている。近年、新しい機械の設計や製造のための技術的な諸問題を解決するために、自然の観察から学ぶ「バイオインスピレーション」によるアプローチが採用され、「アニマロイド」(動物型ロボット)や、「インセクトイド」(昆虫型ロボット)が普及し始めている(44～45頁参照)。著者は、「プラントイド」が、将来的には、放射線や化学物質による汚染の調査、地雷原のマッピング、宇宙探査、あたらしいコンセプトにもとづく次世代農業の試みなどに活用できると考えている(60頁参照)。

第3章は、植物の擬態力についてである。著者は、「植物界の擬態の能力や効果を見てみると、名人芸の域にまで磨き上げられ、動物界には匹敵するものがいないほどの至高の模倣芸術がいくつも見られる(まあ、身びいきかもしれないが……)」(67頁)とまで言い、その一例として、ボキラ・トリフォリアータ(チリやアルゼンチンの温帯林でよく見られるつる性の植物)をあげる。ボキラは、自分が巻きついた植物の葉を模倣して再現するという驚異的な擬態能力をもつ。ボキラがなにを模倣すべきかをどのようにして認識しているかについては、いまだ謎につつまれているという(72頁参照)。

第4章は、ゆっくりした動きや、すばやい動きを撮影する技術の開発・進歩によって可能になった植物の運動についての報告である。オランダフウロの種子が地中に潜っていく動きを研究することによって、将来、宇宙での地中探査用オートゾンデの製作につながる道が開けているという。

第5章は、アカシアの樹木やトウガラシなどの植物とアリやカメなどとのかかわり方の研究にもとづいて、植物が「動物を必要とする受動的で単純な存在」(151頁)ではなく、「ほかの生物の行動を操作する能力をそなえた複雑な生物」(同頁)であるというメッセージを伝えようとしている。

第6章では、植物の根についての記述がじつに興味深い。「根は物理的にネットワークをつくっていて、その先端部はたえず進む前線となっている。つまり、中央に一つの指令センターをもつ動物とはちがって、根端一本一本が微小な無数の指令センターとなり、前線をつくっている。根が成長しながら収集した情報を各指令センターがまとめ、それをもとに伸長の方向を決定する。つまり、根は、一種の集合的な脳、より正確にいえば、長い根に分散された一種の知性であり、これが植物を導いていく。根一本一本が成長し、伸びながら、植物の栄養摂取と生存のために基本的な情報を手に入れるのだ」(165〜166頁)。われわれはふだん、植物の花や実、あるいは葉や枝などの地上に出た部分にのみ注目するが、実は植物はそのすぐれた頭脳を地中深くに隠しているのだ。

第7章では、植物が葉に均等に光が当たるような並び方をしていることに注目し、それを建築に活かそうとする動きや、オオニバスの葉の葉脈構造を模倣した建築物などが紹介されている。

第8章では、宇宙開発における植物の重要な役割が語られている。2014年には、国際宇宙ステーションで、ミニ温室内での植物栽培実験が始まり、2016年には、無重力環境で育った花がはじめて開花したという(240～241頁参照)。人間は植物なしでは生きられないがゆえに、植物栽培は今後の宇宙開発に欠かせないのだ。

最終章では、人類の未来についての予言が語られる。2050年には、地球の人口は100億に達するといわれており、水と食料不足問題は深刻化する。大規模な気候変動による気象災害、旱魃、異常高温などによる穀物生産の減少もおこりうる。今後の大陸の危機を回避するために考えられているのが、広大な海の利用である。たとえば、食料問題を解決する方策として、塩分に高い耐性をもった植物を海上に浮かぶ農場で栽培する構想が述べられている。現状では、ほとんど黙殺されている構想らしいが、著者は言う。「それでも、私たちはくじけない。遅かれ早かれ、いつか食料生産のために海を耕すことが必要になるだろう」(282頁)。これは楽観的な夢物語にすぎないのだろうか。そうだとすれば、人類の未来は暗いと言わざるをえない。

大場秀章『植物は考える　彼らの知られざる驚異の能力に迫る』(河出書房新社、1997

年）は、生物学には素人の文筆家である井出守が大場の話を聴いてまとめたものがベースになっており、大変読みやすく、分かりやすい。

本書の意図は、「まえがき」の最後に現われている。「私たちは、植物を栽培して食用や観賞用に役立てたり、森林を切り開き、また伐採して、植物を自在に操り、己の支配下に置いているように錯覚している。だが、本書を読んでいただくことで、植物たちが人間の小賢しい知恵をはるかに超えるスケールの、知恵と生命力をもっていることに気づかれるだろう」（4頁）。植物たちのおかげで生存を許されていながら、そのことを自覚せず、彼らをないがしろにする人間の無知とおごりをいましめる一文である。

本書は、1　害虫が襲来するとその天敵を呼び寄せる頭脳派、2　〝分身の術〟と、雌雄の合体を自在に使い分けるテクニシャン、3　雌バチそっくりの花を咲かせて雄バチを誘う演技派、4　海を越えて種子をバラまくダイナミックな戦略家、5　砂漠のような乾燥地帯に森林をつくるマジシャンの5部構成である。見出しから明らかなように、本書では、植物たちが生きぬくために用いている巧みな戦略が豊富な具体例を通して述べられている。植物は光や光の波長の違いを通じて互いに会話し、動物との間では、自分で発散する多種多様な化学物質を用いて情報伝達を行なっているという（18〜32頁参照）。また、異種の植物間であっても、特定の物質を通じて、「『俺は食べられたけど、おまえは食べられるなよ』」（40頁）という情報を伝えることもあるという。植物たちが開花期を相談して決めているという話も出てくる（42〜47頁参照）。

著者はこう語る。植物の祖先は、35億年前の海に漂っていた微生物であり、これは人間を含む動物たちの原点である。すなわち、人間も植物も親戚関係にあるのだ（65頁参照）。

本書を読むと、間違いなく、植物を見る目が肥えてくる。植物と同じ時間を共に生きている喜びも感じられてくる。ぜひ一読をすすめたい。

July

7月－1

思考力の展開

——教育学と社会学の視点——

IT（情報通信技術）革命の進行に伴い、記憶力や計算力において人間をはるかに凌駕するコンピューターが活躍し、ロボットが人間の労働の肩代わりをする社会になっても、精巧な機械や機器に考えてもらうわけにはいかない。思考力や想像力、喜怒哀楽の感情や意志力は人間の領分として残るだろう。それどころか、これからは思考力が試される傾向が強まっていくものと思われる。大学入試や中高の入試では、記憶力よりも思考力を問う問題が増え始め、就職試験では、正解の出ない時事問題に学生がどのように対応するかをチェックする会社も現われている。

IT革命だけでなく、BT（生命科学）革命、環境破壊、地球温暖化などによって、先の読みにくい時代になっている。過去の教訓はあまり役に立たず、「想定外の」というフレーズが安易に頻発され、今後の道筋も定かではない。そこで求められるのは、従来の考え方の枠をはみ出すような、大胆な思考力である。それこそが、窮地に陥ったときの突破力となるだろう。

今回は、思考力の練磨をテーマにした本を3冊紹介しよう。1冊目は岡田昭人の『人生100年時代の教養が身に付く　オックスフォードの学び方』（朝日文庫、2019年）である。岡田は、オックスフォード大学大学院で教育学を学んだ経験をふまえて、積極的に生きるために必要な提言をいくつも行っている。

本書は、プロローグ「オックスフォードの『学び方』が、なぜ今必要なのか」、「日本にはない世界のトップ校の『教え方』」、「人と集団を成功へと導く『統率力』」、「非連続の発想を実現する『創造力』」、「チームワークで勝ち抜く『戦闘力』」、「正解のない問題に向き合う『分解力』」、「慣例や予定調和を打破する『冒険力』」、「相手に最高の印象を与える『表顕力』」という表題の全7章、エピローグ「The Long and Winding Road」という構成である。こうした「力」を鍛えるための実践的なアドヴァイスに富んだ本である。

第1章で、「チュートリアル制度」が紹介されている。週に1回1時間、教員と少数の学生（1〜3名）が対話を通じて知識や理解を深めていく教育方法である。学生は、毎週何冊もの文献を読破し、教員から課された課題に応える小論文を毎回提出しなければならない。課題についての分析と自分自身の考えの両方が求められ、それにもとづいて教員との間で質疑応答や議論がなされる。この制度は、学生の分析力や議論する力、批判的な思考力、他者との討論を通じて自分で考える力を鍛えるためのものである（23〜24頁参照）。毎週、何冊もの文献を熟読・分析し、自分にしか書けないことを詳述し、教員の厳しい質問に答え、議論しなければならないのだから、準備に忙しく、遊びやアルバイトの時間はなさそうである。質疑のあと、なにを得たか、今後の展開はどう予想されるかについて自由な意見交換がなされる。学生の今後を見据えての配慮だ。教員と学生の真剣勝負の場を提供するこの制度は、教員が学生に教えて育て、教員が学生に教えられて育つという教育の理想を反映している。

この章では、教室での議論の際のポイントとして、お互いがしっかりと向き合うこと、批判は議論を深めるための手段であると了解すること、ゲーム感覚で楽しむことの三つが指摘されている。効果的な議論の方法についても細かいアドヴァイスがある。その他、分かりやすい文章の書き方、本の読み方についても具体的な作法が述べられている。

第5章の「哲学と仮説で磨かれる『分解力』」は、記憶と思考の比較から始まる。日本の高校や大学の試験では、正確な記憶にもとづく正解を求める知識暗記型の教育である。しかし、社会人になれば、正解のない問題に直面することが多くなる。著者の言う「分解力」は、正解の出ない問題に向き合うときの姿勢を意味する。「分解力は自ら課題を設定し、論理的に考え、自分なりの結論を導き出すプロセスにおける心構えのようなものでしょう」(171頁)。分解力を働かせるうえでは、「情報収集」、「仮説を立てる」、「解を導く」の三つが重要という(174頁参照)。問題解決の道筋が見えない状況に直面したときには、この三つを考慮して、いますべきことはなにか、どうすれば望ましい方向に進めるのかを、自分の頭で考えなければならない。この章では、情報の集め方、仮説の立て方についても具体的な説明があり有益である。

第6章では、「自己確立論」が興味深い。著者は、オックスフォード大学には自己を確立した学生、つまり「自分軸」をもった学生が多いと語る。その特徴はこうだ。「自分軸が人生に必要不可欠なものであることを自覚する」、「他人に頼りすぎず、自立した人間をめざす」、「重要な決断をする際に、明確な基準をもつ」、「他人の気持ちを配慮する余裕を持って生きる」(232頁参照)。人種、言語、文化などが異なる人が集まるオックスフォード大学だからこそ、自分とは異質な他者と切磋琢磨する関係のなかで、自分軸を固めていく学生が育つと言えよう。他方で、均質的、集団主義的な日本の社会では、自分と向き合うことが苦手で、自分らしさをもつことが恥ずかしいと思うひとが少なくないのではないかと著者は述べている(233頁参照)。

第7章は、相手に最高の印象を与えるためのテクニック集である。要約してみよう。多人数が集まる会場に行く場合には、自分の伝えたい意見を明確にしておく、相手に不快感を与えないための最低限のマナーや知識を身につける、場を盛り上げる一芸や話術をもつ、ファッションのセンスを磨く、服装や頭髪を清潔に保つ、加齢臭を香水によって華麗臭に変える、適度なイメージチェンジをはかる、表情、ジェスチャー、視線、接触とタッチングといった非言語的なコミュニケーションに気を配る、場の雰囲気を和らげるユーモアやジョークを活用する、等々である(237〜263頁参照)。

本書には、海外の大学で苦労したひとの貴重なメッセージが豊富だ。これから海外に行こうとするのみならず、グローバルな社会に出て行こうとするひとは、ひとつでもふたつでも、自分の生活に活かしてほしいと思う。

大澤真幸の『思考術』(河出ブックス、2013年)は、読み、考え、書くことを仕事とする著者が、その具体的な過程を自分の生活に即して明らかにした、一種の内幕本である。序章　思考術原論、第1章　読んで考えるということ　社会科学篇、第2章　同タイトル　文学篇、第3章　同タイトル　自然科学篇、終章　そして、書くということ、という構成である。

序章は特にすすめたい。編集者のインタビューに答える形式で書かれている。なにを、いつ、どこで、いかに考え、なぜ考えるのかと問われて、大澤が自分の考えを表明している。彼ははじめの方でこう語る。「人間は放っておけばものを考える、というものではない。ほんとうはものを考えなきゃいけないのかどうかすらわからない。けれども、考えずにはおられないということが起きる」(11頁)。仕事に疲れて帰り、食べて、テレビを見て、飲んで寝るという生活が続くひとには、考えることは二次的なことにすぎない。だれもが自然にものを考えるようになるわけではない。めんどうくさいことを考えるよりも、楽なほうに流れてしまうのもよくあることだ。パスカルは、「人間は考える葦だ」と述べたが、考える暇などなく忙しく生活し、あるいは、暇があっても考えようとはしないのも人間である。だから、考えることの価値を素朴に肯定するのはためらわれる。

とはいえ、大澤が言うように、ある種の人間は、考えずには生きられなくなる。「世界との折り合いの悪さみたいなもの」(11頁)や、「生きることに対する違和感みたいなもの」

(同頁)を感ずるひとは、つまずいて立ちどまり、それまでのペースでは歩けなくなる。そこで、思考が始まる。傷が深ければ深いほど、思考も遠くまで行こうとする。その思考のなかから、一生のテーマが育ち、生涯の方向が決まるということも起こる。

大澤は、「2　いつ思考するか」のなかで、「出来事の真っ最中にものを考えていく」(15頁)と述べる。そこでは流れに身をゆだねたり、身を引いたりして、自分が二重化する感覚を味わうといい、それが社会学の展開には不可欠だと語る(16頁参照)。大澤によれば、われわれがいままさに経験していることがなにかを表現する学問である(同頁参照)。「社会学の探究者は、何か『こと』が起きれば『同時代に生きる者として社会学的に何を言えるか』という問いを突きつけられている」(16頁)。この社会で起こる出来事や事件のなかには、評論家の表面的な解説が届かない闇や根深い背景があって、そこに迫るためには社会学的な思考が欠かせないということだ。そのためには、社会学のさまざまな理論も学んで、思考の幅を広げることだけでなく、なぜ自分が特定の問題にこだわるのかと自問しながら本を読むことも大切である。ゼミで読んだむずかしい本の要約を求めたときに、ただの抜き書きですます学生に対して、大澤は、「『それは君が考えるときの言葉で置き換えるとどうなる?』」(22頁)と問いかけるという。むずかしい術語を未消化なまま口にするのではなく、自分のことばで他人に納得させられるように語れという教師の鞭である。

「5　なぜ思考するか」では、自分の考えは他人を説得できるものでなければならないという大澤流の信念が表明される。「自分なりに考えた。自分なりに納得した。その納得した内容を他の人に対して説明できるかどうか。それらは、それぞれ分離したプロセスというよりも、人を説得するということが考えるということと一体化していると思った方がよい」(39～40頁)。それゆえに、研究会や読書会で自分の考えを伝え、批判を受け、再考する機会は大切だ。それが一人よがりの思考を反省し、自己批判や思考の掘りさげを促すよいきっかけとなる。「人間というのは、特に考える動物ではない、はっきり言うと、むしろある程度以上は考えようとしない動物である」(42頁)。それでは、人間により深く考えるように導くものなにか。他者である。「他者から与えられるインパクトなのだ。そういう衝撃がないと人は考えるようにはならない」(同頁)。他人から打たれないと、自足して狭い世界に閉じこもってしまう。他者の一撃は、孤独な時間のなかで何度も自分を鼓舞し、言葉に深さと力を与える経験へとつながる。

深く考え抜かれたことばで書かれ、読みつがれているのが古典である。千年も前に書かれた本がいまも生きぬいているのは奇蹟的だが、古典のことばには永遠のいのちが息づいていて、いまもわれわれのこころに響いてくる。大澤はおしまいで、過去から未来へとつながる古典のような本をめざしたいと語り、こう締めくくっている。「あの三月十一日の事件以降、私たちは倫理的な課題として未来の他者と向き合うことになった。私もそのことを正面から考えるようになった。そうして考えたものがいまだ生まれていない未来の他者が読むに値するものであってほしい。それが思考の究極の目的である」(44頁)。

岩本茂樹の『思考力を磨くための社会学』(中央公論新社、2018年)は、大学の人気講義をまとめた入門書である。やわらかく、平易な文体で書かれていて、読みやすい。「学ぶ喜び、生を豊かにする社会学」(3頁)を望む著者は、学生の興味を引くような工夫をこらして、楽しく読んで、考えてもらおうとしている。「本書の目的は、文学や映画のメディア作品を採り上げ、そこから人間の営みや文化とはどのようなものかを社会学的につかみ取ろうということにあります。そして、この知を紡ぎ出す作業から導き出された知が、ブーメランとなって私たちの社会や生活を見直すことに繋がるのではないかと考えています」(4頁)。「本書では、自己の恥ずかしい体験談や、文学・映画を採り上げながら社会学を語ることになるのですが、それは皆さんに社会学の知に触れる喜びを伝えたい思いがあるからです」(22頁)。

各章の最後の、「深めよう」という質問欄は、「思考力を磨く」というタイトルが嘘偽りの看板ではないことを示している。質問に答えるためには、内容を理解するだけでなく、それを自分の経験にもとづいて、自分のことばで表現しなければならず、そうすることによってたくまずして思考力が磨かれるように仕組まれているのだ。

第2章「私のモニュメント――それってストーカー?」で、岩本は高校3年生のときの苦い失恋体験から語り始めている。このときは身勝手な強引さが災いして振られてしまったのだが、それ以外に、映画「卒業」のダスティ・ホフマン演じるベンの恋人エレーンに対する強引な行動や、小説『レ・ミゼラブル』におけるマリユスのコゼットに対するつきといの例をあげる。さらにアメリカのリンデン・グロスの書いた『ストーカー――ゆがんだ愛のかたち』や香山リカの『〈じぶん〉を愛するということ』、上田紀行の『内なるストーカー』の内容を紹介して、「積極的なアプローチ」と「ストーキング」の境目はどこにあるのか、過去と現在では恋愛における男女のふるまいがどのように違って把握されているのかといった問題を提起する。おしまいの「深めよう」欄の2番目の問いはこうである。「DVやさまざまなハラスメントなどの用語の誕生と社会との環境を探ってみましょう」(51頁)。愛をめぐる作法や掟の変遷を知ることは、とりもなおさず社会における人間関係の根源的な変化を探求することにほかならない。

第11章「『海の上のピアニスト』からメディア論へ」は、メディア批判だ。今日の社会では、スマートフォンの普及によって、ひとびとの行動が急激に変化している。時刻表や地図をも持ち歩く必要もないし、正確な待ち合わせ場所を決めなくても電話やラインのやりとりで会える。スマホに身を預けた生活だ。岩本はこう述べる。「メディアは人びとをつかみ、揺さぶり、転がしまわし、人びとの心の窓を開いたり、閉じたり、マッサージします。そこから、マクルーハンは『メッセージ』をもじって『メディアはマッサージ』とも言いました」（230頁）。スマホによって気持ちよくマッサージされているうちに、記憶力や計算力は鈍り、思考力も失われていき、現に起きている出来事を批判的に考えることができなくなっていく。スマホは人間をマッサージして骨抜きにするだけでなく、行動監視に有効な道具にもなりつつある。

岩本は、こういう時代に生きているからこそ、いま起きていることを歴史的な背景や文化状況と関連づけて掘り下げる社会学の思考が必要だと一貫して訴え続けている。大澤と同じ立場だ。

July

7月－2

女という経験

――津島佑子の思考――

津

島佑子の『女という経験』(平凡社、2006年)は、シリーズ「[問いの再生]〈考える〉ということの現場へ!」の1冊として書かれた。このシリーズは、現役の書き手の生き生きとした思考の現場に読者を招待するために企画されたものだ。それに応じる津島は、女であるということについての自分の思考のうねりを、生々しく書きつらねている。その試みは、男性が「男であるということ」の経験を考えるきっかけをも与えてくれる。

本書は、「はじめに」、第1章 出口ナオという経験、第2章 神のことばという経験、第3章 霊力という経験、第4章 処女という経験、第5章 乳房と経血という経験、「終わりに」からなる。一種の自伝的な報告である「はじめに」で、津島は、自分の男女観の一端をこう述べる。「理屈とは関係なく、とにかく生きものの世界では、子を産む性である女が絶対的に中心の存在なのであり、男は言ってみれば、働き蜂のような存在に過ぎず、見ていてちっともおもしろそうではない。/そこで女としては男なるものが哀れになり、少しは力を貸してあげようか、という気持ちになることはある。ところが、現実の世のなかでは、どういうわけか、多くの男たちは自分のほうが劣った存在だとは認めたがらず、プライドだけが妙に高い。女にとっては扱いに手こずる。どうもすなおではない」(15頁)。たしかに、プライドだけが妙に高い男は少なくない。母権性だった時代をのぞけば、世界の歴史はそうした男たちの角逐と支配がかたちづくってきたと言ってもいい。津島は、平塚らいてうの有名な宣言を引用している。「元始、女性は実に太陽であった。真正の人であった。／今、女性は月である。他に依って生き、他の光によって輝く、病人のような蒼白い顔の月である」（21頁）。この宣言が出されたのが1911年である。それから100年以上が経ったいま、現在のこの時代をどう見るべきだろうか。

第1章の主題は、この宣言に20年近く先立つ1892年に突然神懸かり状態になり、大本教の開祖になった出口ナオという女性である。彼女は、57歳のときに神のことばを口にし、翌年からは、文字を習ったことがなかったにもかかわらず、自然に手が動き、柱や紙に神のお告げを書き留め始めた（33頁参照）。このようにして神のことばが筆記された文書が「筆先」と呼ばれる。彼女が25年間にわたって書きしるした「筆先」は、半紙20枚つづりに換算して約1万冊に達するという（33頁参照）。それらは、ナオの女婿の王仁三郎によって『大本神論』（［天の巻］、［火の巻］、［水の巻］、［地の巻］）（東洋文庫、平凡社）にまとめられたが、刊行されたのは最初の2巻だけである。

第2章では、神のことばを自動筆記したナオの経験が詳しく語られる。この経験について、いくつもの疑問が出てくる。なぜ、ナオに神が宿り、神のことばが書きしるされることになったのか。新宗教が次々と生まれ、「ええじゃないか運動」の熱狂が湧きおこった時代背景や、困窮生活に追いこまれたナオ自身の嘆き、子供の連続的な不幸などとのつながりは否定できないだろう。しかし、なぜ神は綾部という地方都市に住むひとりの女性に降りなければならなかったのか。神はなぜ彼女を選んだのか。彼女の感受性が人並みはずれたものだったのか、等々。

津島は、出口ナオの最初の「神懸かり」を証言する娘たちの記録を、日本思想史研究者である安丸良夫の名著『出口なお』(朝日選書)のなかから引用している。

そのはじまりは、なおの腹のなかになにかべつの活物がはいりこみ、非常な力でいきむという感覚であった。/そのさい、はいりこんだ活物は、なおの咽喉元で「ウーム、ウーム。ウーム……」とはげしくいきみ、なおの咽喉からなおのものとはまったく異なった声で叫ぼうとした。そして、やがてなおの咽喉は、自分の声とこの活物の声との二つによって使いわけされたかのようになり、なおと活物との二つの声で問答がはじまった。/

活物「わしは艮《うしとら》之神であるぞよ」

なお「そんな事言ふて、アンタは妾を瞞しなはるのやおまへんかい?」

活物「わしは神じゃから嘘は吐かぬワイ。わしの言ふ事、毛筋の幅の半分でも間違ふたら神は此の世に居らんのじゃぞよ」

なお「そんな偉い神様どすかい。狐や狸が瞞してなはるねん御座へんかい」

活物「狐や狸で御座らぬぞ。この神は三千世界を建替建直しする神じゃぞ。三千世界一度に開く梅の花、艮之神の世になったぞよ。この神でなければ世の建て替えは出来ぬのじゃ。天理、金光、黒住、妙霊先走り、艮《とどめ》に艮之金神が現れて三千世界の大洗濯を致すのじゃ。これからなかなか大謨《たいもう》なれど、三千世界を一つに丸めて万劫末代続く神国の世に致すぞよ」

なお「そんな事言ふて本真どすかい?」

活物「嘘の事なら、神はこんな苦労はせぬぞ」(53〜54頁)

地元のことばで話す出口なおと、神のかしこまった語り口との対比がユーモラスな雰囲気をかもし出している。神の存在に半信半疑ななおと、なおに自分のことばを信じさせようとする神との間のやりとりには切迫感は薄く、どことなくほのぼのとした感じもただよっている。この生き生きとした会話の箇所は、『大本神論　天の巻』では、以下のように変わる。なおの神秘体験の、王仁三郎による宗教的な教義への変形である。

三ぜん世界一度に開く梅の花、艮の金神の世に成りたぞよ。梅で開いて松で治める、神国の世になりたぞよ。日本は神道、神が構はな行けぬ国であるぞよ。外国は獣類の世、強いもの勝ちの、悪魔ばかりの国であるぞよ。日本も獣の世になりて居るぞよ。外国人にばかされて、尻の毛まで抜かれて居りても、未だ眼が覚めん暗がりの世

になりて居るぞよ。……（54～55頁）

1931年に、「筆先」の開始を記念して建立された「神声碑」には、こう刻まれているという。

三ぜんせかい　いちどにひら九
うめのはな　もとのかみよに
たてかえ　たてなおすぞ
すみせんざんに　こしをかけ
うしとらのこんじんまもるぞよ
　めいじ二十五ねんしょうがついつかで九ち　なお（52頁）

津島は、『大本神論』や「筆先」のことばに接するたびに、不思議な衝撃を受けるといい、その理由をこう推測する。「たぶん、人間のことばが音の領域から文字の領域に飛びこんでいく、その刹那の、抵抗熱と言うべきようなものが伝わって来る気がするからなのではないか」（57～58頁）。彼女自身の衝撃は、ナオが「神懸かり」を経験したさいの衝撃の連想へとつながる。「音としてのみそれまで存在していたことばが、物理的な空間にぶつかり、文字に変貌する。はじめてその変貌を経験した人にとって、それはどれだけの

『衝撃』として感じられたことか」(58頁)。津島は、この音が文字に変貌する経験のなかに「跳躍」(同頁)を感じとる。この「跳躍」を準備したのは、不運がたび重なり、地を這いずり回るようにして生きていたナオの苦悩の日々である。津島は、貧相で凡々たる文学的発想と謙遜しつつ(59頁参照)、ナオのこころのなかの思いをこう予測している。「子どもたちは大丈夫だろうか、明日はどうなるのだろうか、自分が倒れるわけにはいかない、でもすでに病気になっているのかもしれない、ああ、一晩だけでもゆっくり眠れれば、これは夢なのかもしれない、ここはどういう世界なのだろう、子どもたちがなぜ、苦しまなければならないのだろう、なぜ、みんな苦しんでいるのだろう、なぜ、苦しみがいつまでも終わらないのだろう、なにがまちがっているのか、どこに理由があるのか……」(58〜59頁)。このようにして煩悶するナオのこころに、一筋の光明をもたらすかのように神のことばが降りてきたのである。神はナオに引き寄せられて到来したのかもしれない。いずれにせよ、「跳躍」がおきたのである。

この「跳躍」について、津島はこうまとめている。「現世的な判断では、無学な田舎の貧しい女がどのようにして、当時の時代背景を読みとり、政治の混乱を感じとり、文化の根源になるものを見通し、資本主義型近代社会の限界を知ることができたのか、こうしたナオの『神懸かり』への『跳躍』に、人間という存在の持つ不思議な底深い能力を感じ、圧倒されずにいられなくなる、としか私には言いようがない。ここには、確かに、私たちの『常識』を超えた、とんでもない『跳躍』がある」(63頁)。

われわれの経験においては、しばしば予想もしないことがつぎつぎとおこる。それらの多くは不意打ちという仕方で到来するがゆえに、なすすべもなく一方的に受け入れざるをえない。それに対して、ナオの「跳躍」には、神のお告げを受動的に受け止めるのではなく、それに自分の社会観、世界観を反映させつつ表現するという能動的な側面が認められる。神のことばは、ナオの思考を経由して文字化されているのである。その一例として、津島が引用している「筆先」の一部を引いてみる。「人民は虎狼よりも悪が強いから、欲に限りが無いから、何んぼ物が有りても、満足といふ事を致さん、惨酷い精神に成りて了ふて、鬼か大蛇の精神になりて、人の国を奪ったり、人の物を無理しても強奪くりたがる、悪道な世になりて居るぞよ。(中略) 女と見れば何人でも手に懸け、妾や足懸を沢山に抱えて、開けた人民の行り方と考えたり、耻も畏れも知らぬ斗りか、他人は何んな難儀をいたし居りても、見て見ん振りをいたして、我身さえ都合が善ければ宜いと申して、日本魂の種を外国へ引抜かれて了ふ」(68~69頁)。この引用文は、ナオの考えの一端が神のことばとしてしるされたもののように思える。

第2章の後半では、津島は、鎖国時代の肯定的な女性観が開国後には女性蔑視の方向に傾いたのではないかと推測し、ナオはそれを批判的に見ていたと述べる。津島はまた、平塚らいてうが『青踏』の創刊号に寄せたつぎの一文に、ナオの考え方と通低するものを見いだしている。「『隠れたる我が太陽を、潜める天才を発現せよ』、こは私どもの内に向つての不断の叫声、押えがたく消しがたき渇望、一切の雑多な部分的本能の統一せられたる最終の全人格的の唯一本能である」(76頁)。両者はともに、女であることにきわめて意識的であった。

津島は第2章をこう締めくくる。「マイナスの意味であろうが、プラスの意味であろうが、とにかく、ナオは『女』という課題をとくに抽出して、そこから世のなかの意味を彼女なりに考えつづけていた。／その考えはあるとき、神の側からの視野に跳躍して、『変性男子』という新しい概念を産みだすことになる。現世の人間としては『女』でありながら、中身は男の神であるナオとは、『女のけがれ』と『女の霊力』の両方を否定しないままに、それを統一する『男』の力強いことばを得た存在になったのだ。／そのように考えると、ナオの教義はまさに『女』というものを『男女』の新しい関係からとらえ直すものだったとも言えるような気がしてくる」(82頁)。

神懸かりの状態になり、「筆先」の膨大な文書を残した出口ナオという女性を主題化する本書の第1章と第2章は、時代状況を視野に入れながら、ナオの想像を超える経験の摩訶不思議な側面に迫ろうとする津島の粘り強い思考の軌跡が印象的な章だ。

第3章から第5章も、それぞれに読みごたえがある。ぜひ、じっくりと津島の思考とつき合ってほしい。

津島佑子『快楽の本棚　言葉から自由になるための読書案内』（中公新書、２００３年）は、ことばを通じて得られる津島自身の喜びの記録である。第1部は、幼年時代から中学時代にかけての読書の記憶が中心である。第2部では、モーパッサンの『ベラミ』、井原西鶴の『好色一代男』、D．H．ロレンスの『チャタレー夫人の恋人』、オスカー・ワイルドの『獄中記』、サルマン・ラシュディの『悪魔の詩』、谷崎潤一郎の『細雪』など、彼女好みの本が選ばれている。

おしまいに書かれた文学擁護の文章が共感を誘う。「文学、この一見、なんの役にも立ちそうにない、地味で、世の中の動きからも取り残されているような世界。／でももし、この世界が無かったら、私は自分がこの世の中にひとりの人間として生きていることに、どれだけ退屈し、どれだけさびしい思いに襲われ、失望しなければならなかったか、とそれだけは私自身の経験としてためらいなく言える。／文学を通じて、私は多くの、時代も場所もちがうすばらしい人たちと『直接』出会うことができたし、その人たちが存在しない世界は、今となっては考えられなくなっている。そしてこれからも、そうした私の愛すべき友人たちは増えつづけていくにちがいない。／文学とは、人間が人間であることに希望を失わずに生きるために必要な、現実の世界に付き添いつづけるもうひとつの世界なのだ」（229頁）。

「書き終えてひとこと」は、こう締めくくられている。「この世そのものがなんと快楽に満ちていることだろう。海の音、山の姿、木々のにおい、鳥や獣たちの鳴き声、人間たちの夢、歌。文学とは、こうした快楽を互いに確認する場なのだと私は思う。たとえ、そこに涙やうめき声が重くのしかかろうと」(232頁)。

古典の森を散策してみよう（1）

——『論語』の知恵に学ぶ——

August

8月－1

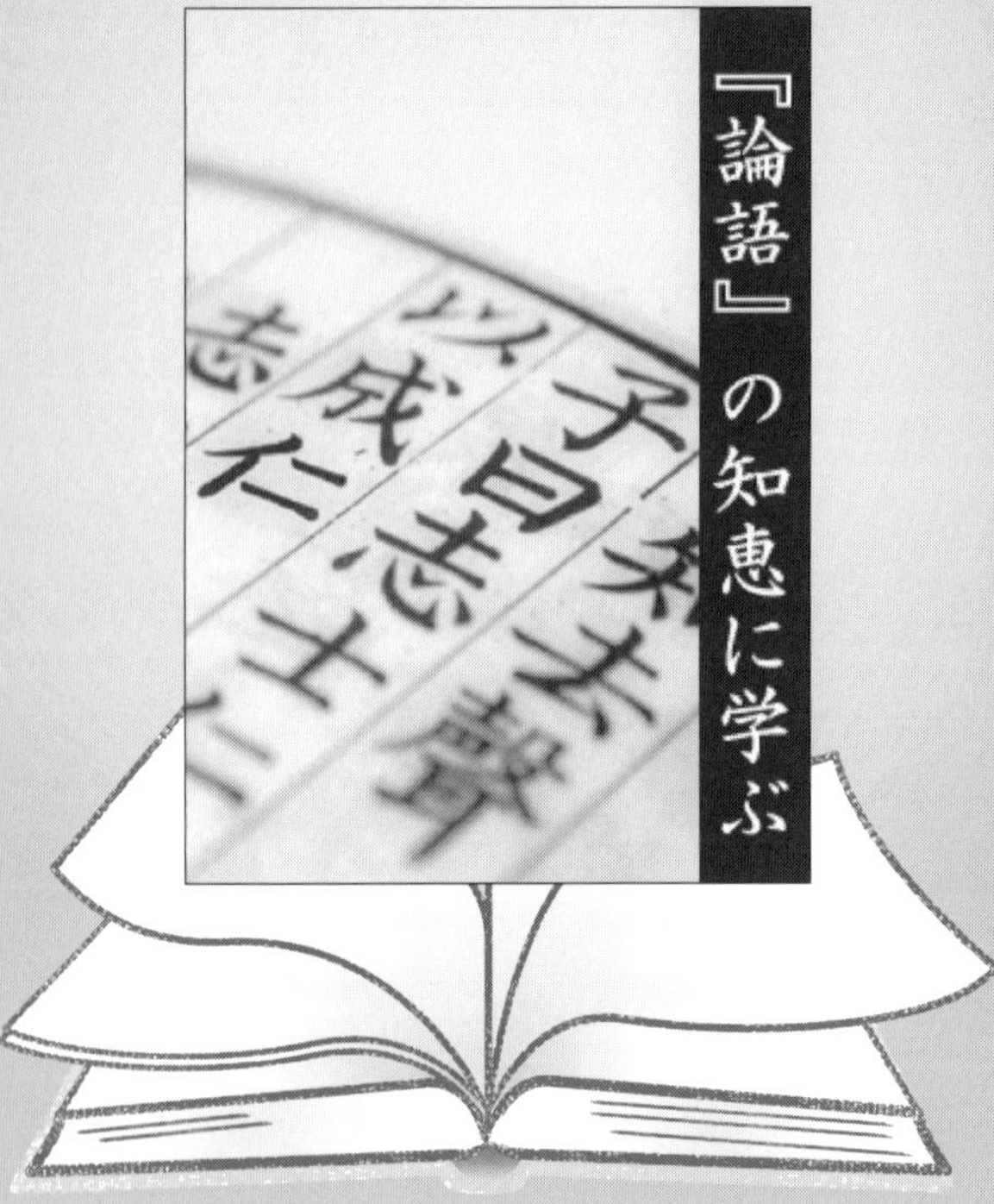

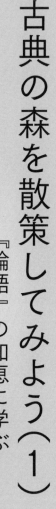

地図や標識の助けを借りれば、目的地にはたどり着ける。いまどきならスマホのナビゲーションに従えばよい。かりに迷っても、だれかに道を聞くこともできる。ところが、人生の途上には、標識もナビもない。そもそも目的地がどこかも分からないのだ。どのようにひととつき合い、なにを目的として生きればよいのか、生きる意味はどこにあるのかといった問題に悩んでも、どこかに解答への道筋が張り出されているわけではない。それは、自分で苦しんで探し出していかなければならないものだ。自分ひとりの力でうまくいかない場合は、友達と議論することが役立つかもしれない。議論してもらちがあかないときに頼りになるのが古典だ。古典には、生き方の指針や考え方のヒントがつまっている。

『論語』はその代表となる1冊である。「論語」ということばの固い響きもあって、この本をなんとなく堅苦しい説教本とみて遠ざけてしまうひとも少なくないだろう。しかし、そうした先入見を捨てて、まずは読んでみてほしい。

『論語』は孔子（前552〜前479）の筆になるものではない。孔子の死後、顔回、子貢、子路といった弟子たちが「先生」との会話や「先生」の話しぶり、暮らしぶりを思いおこし、まとめたものである。一部には、弟子同士のやりとりも活写されている。複数の弟子たちの目に映る孔子の姿は多種多様である。善と悪、君子と小人、政治などについて語る孔子の表情は、相手によってそのつど変化する。ストレートな語りもあれば、ひねりを効かした言い方もある。ときにはやんわりと弟子の傲慢をいさめたり、ときには落ちこんだ弟子をさりげなく励ましたりもしている。そのひとつひとつの発言が、人生の手引きになり、するべきこと、考えるべきことへの示唆が与えられる。

『完訳論語』（井波律子訳、岩波書店、2016年）は、現時点（2018年）では最新の訳本である。中国や日本で出版された数々の注釈書や翻訳書を踏まえて書かれている。原文、訓読、現代語訳、語注、解説という構成である。本書の帯には、「笑い、嘆き、歌い、怒り、そしてともに語りあう。世界の〈大古典〉に息づく、何とも魅力的な、これぞ、人間愛」とある。司馬遷は、『史記』のなかで、教育者としての孔子には70人あまりの高弟がおり、感化された弟子は3000人にのぼると述べた。孔子がひとをとりこにする魅力的な人物であったことは間違いないようだ。

『論語』は、全部で20巻、500余りの章からなる。大半が短いものであるが、最初から全部読もうとしても続かない。適当に開けたページに書かれた章を読むだけよい。それに刺激されて、人間の生き方、人間関係、社会についての思索が広がってくるはずだ。以下に、ほんの一部を紹介してみよう。

「学而　1―3」は、人口に膾炙する「子曰く、巧言令色、鮮《すくな》し仁」（4頁）である。現代語訳はこうである。「先生は言われた。『巧妙な言葉づかい、とりつくろった表情の人間は真情に欠ける』」（同頁）。「デジタル大辞泉」の訳文は、「巧みな言葉を用い、表情をとりつくろって人に気に入られようとする者には、仁の心が欠けている」である。『論語』の鍵語のひとつである「仁」は、「相手を思いやるこころ、相手に愛情をもって接する気持ち」などを意味する。口達者でとうとうと語るひとは、他人の歓心を買いたいだけで、相手の気持ちなど考えていないということだ。そんなひとが少なくないので、気をつけたほうがいいという孔子のメッセージだ。

「為政　2—15」は、一種の学問論である。「子曰く、学んで思わざれば則ち罔《くら》し。思うて学ばざれば則ち殆《あや》うし」（37頁）。「先生は言われた。『書物や先生から学ぶだけで自分で考えないと、混乱するばかりだ。考えるだけで学ばないと、不安定だ』」（同頁）。キーワードは「思う」という動詞である。「思う」とは、漠然となにかを思い浮かべることではない。とりとめもなく夢想することでもない。強い好奇心をもって、自分の頭で深く考えることである。教師からであれ、本からであれ、学んだことを受動的に受け入れるのではなく、その内容を自分で積極的に吟味してみることである。その姿勢がないと、物知りにはなれても、物の分かったひとにはなれない。また、ただあれこれと思案して、ひとの話も聞かず、本も読まなければ、ひとりよがりの言動を避けられない。偏った考え方をしていても、そのいびつさが気にならなくなって、「お山の大将」になりかねないのだ。本や教師から学びながら自分で考え、自分の考えを深めるためにさらに学んでいくという二本立ての道筋が求められている。

「里仁　4―4」は、仁徳を強調する1章である。「子曰く、苟《いや》しくも仁に志せば、悪しきこと無き也」（83頁）。「先生は言われた。『もし少しでも仁に志せば、悪事をするようなことはなくなる』」（同頁）。アリストテレスは、徳を積むことの大切さと人間の悪徳の諸相について多くを語ったが、孔子も同様だ。「仁に志す」ためには、仁がどういう行動において示されるかを日ごろから意識し、その行動を自分で実現するように自分を導いていかなければならない。孔子が仁にこめる意味は、先に述べたように、「相手に愛情をもって接すること」であるが、この意味での仁徳を実現することは容易ではない。ひとはむしろ、自分の欲望や衝動をおさえられずに、相手を支配したり、暴力をふるったりしやすいからである。自分のふるまいが悪に傾きやすいことを知るひとは、自戒して善行をめざすかもしれないが、その危険性に無頓着なひとは、悪の誘惑にそそのかされて蛮行に走る。仁徳的な行動を通して相手につくすことはけっして簡単にはできないのだ。

「里仁　4―7」も一種の徳論である。「子曰く、人の過つや、各おの其《そ》の党に於いてす。過ちを観れば、斯《ここ》に仁を知る」（87頁）。「先生は言われた。『人が過失をおかすのはそれぞれ類による。過失を見れば、その人の仁のほどがわかる』」（同頁）。徳を積んだひとのさりげないふるまいは、あまり目立たないが、思慮を欠いた軽率なふるまいはすぐ分かる。人間の過失は、自分の欠点にはふたをして、他人の欠点ばかりを指弾する人間の格好の餌食になる。残念ながら、われわれは過つことなく生きてはいけない。成長途上の子どもや若者ばかりでなく、教師、政治家といったひとの上に立つはずの人間もすべて同様だ。孔子は上段から徳を説くのではなく、ひとの過ちとその原因をさぐることによって、徳の意味を考えてみることをすすめている。

「里仁　4—16」は、ひとかどの人物と、そうでない人物との比較論である。「子曰く、君子は義に喩（さと）り、小人は利に喩る」（96頁）。「先生は言われた。『君子は義（正しさ）に敏感に反応し、小人は利益に敏感に反応する』」（同頁）。日常のさまざまな場面で、私利私欲に虜になって「したいこと」をするのではなく、「すべきこと」をするのはむずかしい。「利」は、往々にして「理」にまさる。二枚舌を使わないためには、正義の感覚がとぎすまされていなければならないが、残念ながら、不正もまたしばしば正義にまさる。人間の利己性を撃つ孔子の寸鉄である。

「述而　7—3」は、孔子の自己批判の章である。「子曰く、徳の脩《おさ》まらざる、学の講ぜざる、義を聞きて徙《うつ》る能《あた》わざる、不善を改むる能わざる、是《こ》れ吾が憂い也」（176頁）。「先生は言われた。『徳義の修養が不十分であること、学問の勉強が不十分であること、正しいことを聞きながら、わが身をその正しさに移せないこと、悪しき点を（自覚しながら）改められないこと、これが私の悩みの種だ』」（同頁）。孔子は正直に告白しているが、正しいことをし、悪いことをしないということがそもそもむずかしく、徳の修養や勉強には限界がないということを自覚していたからだろう。自分自身の欠点を率直に語る孔子に対して、弟子たちはどのように反応したのだろうか。「うぬぼれてはならない」と肝に銘じる機会になったと思われる。

孔子は、人間の道や仁、徳を説いただけでなく、礼儀作法や音楽、スポーツにも強い関心を示した。「述而　7―13」には、孔子がある音楽を聞いて、3ヶ月間肉の味さえ分からなくなるほど感動したという話が出てくる（186頁参照）。美しい音の響きにこころを震わせ、身体を動かすことにも熱心な孔子は、しかめっつらをした道学者というイメージからは遠い。「述而　7―31」にこうある。「子、人と歌いて善ければ、必ず之《こ》れを反《かえ》さしめて、而《しか》る後に之れに和す」（206頁）。「先生は歌の会のさい、いい歌だと思われたときには、必ずもう一度うたわせたあと、自分も合唱された」（同頁）。孔子は音楽を愛し、楽器も演奏すれば楽しく歌うことも好んだという（同頁参照）。孔子が身近に感じられるエピソードだ。

「衛霊公　15―24」は、不滅のアドヴァイスだ。「子貢問いて曰く、一言にして以て身を終うるまで之を行う可（べ）き者有りや。子曰く、其れ恕か。己の欲せざる所を、人に施す勿《な》かれ」（471頁）。「子貢がたずねて言った。『一言だけで生涯、行ってゆくべきものがありますか。』先生は言われた。『それは恕であろうか。自分がしてほしくないことを、他人にしてはならない』」（同頁）。「恕」とは、「相手のことを思いやること」である。われわれは、しばしば得手勝手に、自分のしたいことをして、他人に迷惑をかける。他人の立場を考えて、自分の行動にブレーキをかけることほどむずかしいことはない。それだけに、孔子の一言がいっそう身に沁みる。

おしまいに、孔子の弟子のひとりのことばを、「子張　19―6」から引用しよう。「子夏曰く、博く学びて篤く志し、切に問いて近く思う。仁、其の中に在り」（562頁）。「子夏が言った。『広く学んで（ここぞというところで）集中的に考え、切実な問題意識をもって身近なことから考えてゆく。仁徳はこのなかから生まれてくる』」（同頁）。日ごろから幅広く学んで思考力を鍛え、身近なひとととのトラブルについてよく考えるようにすれば、他人の苦労も分かり、ひとを思いやることもできるようになるということだ。

日常生活のなかでは、ひととの間がぎくしゃくしてしまう、なにをしたらよいのか分からない、自分のことが嫌になる、他人がうとましくなるといった困った事態がつぎからつぎへとおこる。そんなときに『論語』をひもとくと、孔子のことばが響いてくる。まさに、困ったときの『論語』頼みだ。

下村湖人（1884～1955）の『論語物語』（講談社学術文庫、2017年第64刷）も合わせて読んでみてほしい。下村は生涯をかけて『論語』を読みこみ、そのなかの章句を駆使して、小説風に仕立てている。

下村は、「序文」でこう述べている。「こうした『論語』のなかの言葉を、読過の際の感激にまかせて、それぞれに小さな物語に仕立ててみたいというのが本書の意図である。むろん、孔子の天の言葉の持つ意味を、誤りなく伝えることは、地臭の強い私にとっては不可能である。しかし、門人たちの言葉を掘り返して、そこに私自身の弱さや醜さを見いだすことは、必ずしも不可能ではなかろうと思う」（5〜6頁）。下村は、「序文」をこうむすんでいる。「著者はただ『心』を描けばよかったのである。史上の人物の心でなく、著者自身と著者の周囲に住むふつうの人間との『心』を描けばよかったのである」（7頁）。

下村は、幾度となく『論語』を読み返し、孔子とその弟子たちの交流のさまを生き生きと想像して、物語に仕上げている。そこには、下村のこころが投影されている。『論語物語』は、彼らと下村のこころが二重写しになった傑作である。

さきに取りあげた「為政　2―15」の章句について、下村はていねいにかみ砕いて、こう述べている。少し長くなるが引用してみよう。「学問にたいせつなことは、学ぶことと考えることだ。学んだだけで考えないと、道理の中心がつかめない。だからいつも行き当たりばったりだ。ちょうど真っ暗な部屋で、柱をなでたり、戸をなでたりするようなもので、個々の事柄を全体の中に統一して見ることができないのだ。むろん考えただけで学ばないのもいけない。自分の主観だけにとらわれて、先人の教えを無視するのは、ちょうど一本橋を渡るように危ういことだ。向こうまで行きつかないうちに、いつ水の中に落ちこむかしれたものではない。事柄によっては、いくら考えてもなんの役にも立たないことさえあるのだ」（91頁）。

『論語物語』には、『論語』の世界を教育にたずさわるひとに広く伝えようとする下村の思索と情熱が息づいている。教育をうける側のひとにも勉強になるにちがいない。

『論語』を気楽に読んでみたいと思うひとには、八田真太の『論語　関西弁で深く読み解く孔子の思想』（アールズ出版、２０１２年）がおすすめだ。八田は、「はじめに」のなかで、「関西弁の柔らかい表現や言い回しにしたら、尖った言葉の棘を取り、言葉の意味を感じ取りやすくできるのではないかと思いつきました」（８頁）と、出版の動機を述べている。その意図は達せられたようだ。孔子の関西弁はじんわりと胸に沁みてくる。

本書は、原文、書き下し文、関西弁訳、解説という構成である。全部で108の章句が選ばれている。そのなかから、例を３つあげよう。第４章の12「子曰く、利に放《よ》りて行なえば、怨み多し」（68頁）。「（孔子）先生は言わはった。『自分の都合のええことしか考えんかったら、人からようさん恨みを買うようになるで』」（同頁）。第９章の23「子曰く、後世畏るべし。焉《いずく》んぞ来者の今に如かざるを知らんや。四十五十にして聞こゆること無くんば、斯《そ》れ亦《また》畏るるに足らざるのみ」（144頁）。「（孔子）先生は言わはった。『若者にはきちっと敬意を示さんとあかんで。将来の可能性はお前らよりもあるんやさかいなあ。せやけど、四〇歳、五〇歳になってもその人を評価する声が聞こえてけえへんかったら、そんなやつはこれから先もあかんのとちゃう?』」(同頁)。第15章の27「子曰く、巧言は徳を乱る」(202頁)。「(孔子)先生は言わはった。『人に気に入られよう思うておべんちゃら言うようやったら、せっかく積んできた徳にキズがつくで』」(同頁)。

2500年も前の孔子のことばは、いまもなお人間関係の潤滑油だ。自分とのつき合い方、他人との交わり方について教えられることは尽きない。まさに、「師のことば畏るべし」である。

August

8月－2

対話の喜び

――ブーバーの祈り――

アランは『定義集』（神谷幹夫訳、岩波文庫）のなかで、「おしゃべり」をつぎのように定義した。「これは無意識的な会話である。相手に言葉を取られないように、沈黙を満たす必要は、おしゃべりのなかに見られるもので、たえずせき立てられたこの気がかりから、おしゃべりは、何でもかまわず話し、しまいには疲れ切って、諦めて、相手の言うことを聞くようになる」（36頁）。目の前のひとに向かって、自分の言いたいことを一方的に話し、相手が話し出してもそれに耳を塞ぎ、相手が話すのを止めるとすぐにまたしつこく話し始めるひとをよく見かける。相手は、自分のおしゃべりのために利用されているにすぎない。アランは、しゃべり疲れたひとが、最後には相手に耳を傾けるようになると述べたが、相手を利用してしゃべり続けるひとのおしゃべり欲には際限がない。

対話は、おしゃべりと違って、ことばのキャッチボールである。対話は、相互に自分の考えを伝えあい、お互いの考えを深めていくプロセスである。対話が実りあるものになるためには、日ごろ関心のある問題について自分でよく考え、考えたことをわかりやすく表現する訓練が大切である。相手の言うことをきちんと理解する力も養わなければならない。相手がちんぷんかんぷんなことを言い出して理解できないこともあるが、それを一方的に相手のせいにすることはよくない。自分の思考の狭さに起因することもあるからだ。だから、相手の考えそうなことを、自分でも考えておくことは大切だ。いずれにせよ、対話の時間を豊かにするためには、自主的な思考、正確な思考表現、相手の思考の的確な理解が欠かせない。暇にまかせて、相手のことを配慮せずに、考えなしにしゃべるのとはわけが違うのだ。

対話の重要性を強調したのがマルティン・ブーバーである。ブーバーの『我と汝・対話』（植田重雄訳、岩波文庫、2014年［第45刷］）は、「私は考える」というモノローグ的な視点で書かれた書物の出版に抗して、ダイアローグこそが根本問題であると主張する書物である。自分の都合だけを優先させれば、相手の考えや立場をないがしろにしかねない。結果として、言い争いや暴力、紛争にもつながる。世界大戦にいたった原因のひとつを、相手に対する敬意の忘却ととらえたブーバーは、相互に尊重しあえる経験の可能性を模索した。

ブーバー（1878〜1965）はウィーンで生まれた。大学では哲学、芸術学などを学ぶ。ユダヤ人国家の建設によって、ユダヤ人の差別や迫害を克服しようとするシオニズム運動に参加した。1923年にフランクフルト大学に新設されたユダヤ哲学の教授になったが、ナチス政権の誕生後はパレスティナに移住し、ヘブライ大学で社会哲学を教えた。当地にユダヤ人とアラブ人の共存する二重国家の建設を訴えたが、保守的な正統派から批判された。ブーバーは、なによりも人類の相互理解を力説して多くのひとの共感を得たが、宗教的な対立と闘争のなかに身を置くひと達からは憎まれ、孤立する場面もあった。

『我と汝・対話』は、「我と汝」と「対話」からなり、それぞれ3部構成である。「我と汝」といえば固い響きだが、要するに、「私と君」である。君なしに私はありえないし、私なしに君はありえないという相互の対等の関係性が強調されている。あたりまえのことのように見える。ところが現実には、目の前の相手を無視して傍若無人なふるまいをするひともいれば、相手よりも自分を優位に置くことに神経をとがらせるひともいる。相手を衝動的に自分の欲望の餌食にするひともいて、私と君との間の対等で穏やかな関係というのはなかなか構築されにくい。いったん成立したとしても、維持していくことは容易ではなく、しばしば亀裂が入って崩壊するのである。

ブーバーの根本的な主張が表れた文章を引用してみよう。「〈われ〉は〈なんじ〉と関係にはいることによって〈われ〉となる。〈われ〉となることによってわたしは、〈なんじ〉と語りかけるようになる。／すべて真の生とは出合いである」(19頁)。私は、君と関わることを通して私となるのであり、相互の関係がまず先行するのである。「我思う、ゆえに我在り」という、デカルト的な孤立した私中心主義的な発想は拒否され、君との交わりのなかで生きる私こそが真の私だという、関係性を第一義とする見方が打ち出されている。デカルト的な私の前にはだれもいない。ブーバーの言う私は、君との関係のなかにいる。

この関係を生き生きとしたものにするのはことばである。相互に見つめ合いながら交わされることばが、単なるおしゃべりとは違う対話の時間を開く。相手の語りを通して相手の世界に反応するだけでなく、自分の語ることを咀嚼することで自分の姿を見つめなおすこともできる。相手にも同じことが起こるだろう。お互いが、考え方や感受性の類似性や差異性に気づいて、しばし考えこむこともあるだろう。いずれにせよ、語り合う関係によって、相互の成長が育まれる。いわば、ことばによって美しい音楽を奏でるような時間が生きられるのだ。おしゃべりの相手は、自分にそれを許してくれるひとならだれでもよいが、対話の場合はそうはいかない。ブーバーはこう述べる。「対話の生活とは、人々と多くの関わりをもつことではなく、関わるべき人々と真に関係にはいることにある」（206頁）。

しかし、ブーバーは、われわれが真に関係する相手を人間に限定しているわけではない。動物や植物に対しても対話的な関係が可能だと考えるのである。「人間は、動物に近づいたり、語りかけたりするとき、驚くほど積極的な応答を、動物の側から時々受けとることに成功した。一般的にいって、人間の関わり方が真の〈なんじ〉を語ることが多ければ多いほど、動物の応答も強く直接的である」（154頁）。動物と親密な仕方で交流するひとには共感を得る発言だろう。ブーバーは植物についてもこう述べる。「あの樹木の生き生きとした全体性と統一性は、何かを探り出して知ろうとするだけの鋭い眼にたいして拒絶するが、〈なんじ〉と呼びかける者の眼ざしにたいしては、自らを打ち明けるのである。呼びかける者があるとき、樹木はまさにそこに存在していることを告知し、存在する樹木であることを示す」（155頁）。今日では、人間の話しかけに対する植物の応答は、微量の電流を測る装置を用いた実験によって確認できるらしいが、〈なんじ〉を動物や植物にまで拡張して柔軟に考えるブーバーは、直観によってその知見を先取りしていたことになる。

他方で、ブーバーは、「われとなんじ」の豊かな対話的世界に「われとそれ」の貧しく、冷たい世界を対置している。後者は、現代世界のある一面として特徴づけられている。意味深い「現代における労働と所有の発展自体は、向かい合うものとの生活、すなわち、〈われ―なんじ〉の関係の痕跡をほとんど根絶してしまっていないであろうか」（61頁）。ブーバーの時代診断によれば、「われ―それ」の世界では、権力をもった主体としての私、横暴な私が目の前の事物や人間を支配し、意のままにしようとする体制が幅をきかせている。この世界では、事物は利用し利潤を生み出すための資材であり、人間もそのための人的資源でしかない。ブーバーによれば、病んだ時代においては、〈それ〉の世界は、生きと生きとした〈なんじ〉の世界からの流れに潤されて、豊かな土壌を与えられることはもはやなくなり、分離、停滞し、巨大な泥沼の幻影となって人間をおびやかす。二度と〈なんじ〉が現存とはなり得ない世界で満足することによって、人間は敗北するのである（68頁参照）。「われとなんじ」の共存や人間の精神的成長よりも、経済成長が重視される数字優先的な社会では、人間は利益のみを追い求めるようになる。ブーバーは、こうした現代世界の一断面を糾弾している。「勝手気儘な我意の強い人間は、運命を信ぜず、出合いに生きることもない。このような人間は、〈なんじ〉との結合を知らない。彼はただ外にある熱狂的な世界と、これを利用しようとする猛烈な快楽だけしか知らない」(76頁)。

「われとそれ」の冷たい関係が優勢を占める時代は、ブーバーにとってけっして許容できるものではなかった。そこで彼は時代批判を徹底するために、「われとなんじ」の人格的な関係を、「われと永遠のなんじ(神、究極の実在、聖なるもの)」の関係にまで拡張して宗教哲学的な考察をおこなっている。若い頃にドイツ神秘主義に心酔し、のちにはユダヤ教的な神秘主義にも共感したブーバーにとっては自然ななりゆきであった。彼は第三部の冒頭でこう述べる。「さまざまの関係を延長した線は、永遠の〈なんじ〉の中で交わる。／それぞれの個々の〈なんじ〉は、永遠の〈なんじ〉へのかいま見の窓にすぎない。それぞれの個々の〈なんじ〉を通して根源語は、永遠の〈なんじ〉に呼びかける。(中略)生まれながらの〈なんじ〉は、それぞれの関係の〈なんじ〉を現実化しはするが、しかし、いかなる〈関係〉をも完全なものとはなし得ない。ただ絶対に〈それ〉となり得ない〈なんじ〉と直接関係にはいるときにおいてのみ、完全となるのである」(93頁)。個々の〈なんじ〉の彼方に永遠の〈なんじ〉をかいま見て、その存在との関係に入ることによってのみ、現実のわれとなんじの関係が真に成就するという主張は、信仰をもたなければ分かりにくい。しかし、われわれが等しく神のまなざしのもとにあると信じることで、居ずまいをただし、他者とのよりよい関係をこころがけるようになると言えば理解しやすいのではないだろうか。

ブーバーは、人間的〈なんじ〉と、永遠の〈なんじ〉としての神との関係についてこう述べる。「神に語りかけることなく、ただ人間だけに語りかけようとするものの言葉は成就しない。しかし、人間に語りかけることなく、ただ神だけに語りかけようとするものの言葉は、誤りにおちいる」（197～198頁）。二種類の〈なんじ〉との不断の語りかけこそが真の関係に通じるというブーバーの確信である。

ブーバーの言う永遠の〈なんじ〉は、信仰をもつひとの経験に比類ないアクセントをもたらす。「われわれがその前に立って向かい合い、その中に生き、そこへとはいり、そこから出てゆくことによって生きるところの〈なんじ〉の神秘は、関係を結ぶまえも、あとも、変わることなく存在する」（140頁）。信仰者にとって、神の神秘はわれわれの生のあらゆる局面に浸透している。「神との対話は、日常生活以外のところ、あるいはその上の方で生起する何かとして理解されてはならない。人間にたいする神の語りかけは、われわれそれぞれの生のうちに現われる。それは、われわれを囲む世界におけるすべての出来事や、すべての個人の生涯や、すべての歴史的な出来事などを貫いており、またあなたにとってもわたしにとっても道しるべや要請たらしめるものである」（167頁）。

神は、「それ」として対象化されることもなければ、その存在が証明されるわけでもない。神は人間の側からの計らいを超えた存在である。ブーバーによれば、神は創造や啓示、救済の行為のなかで人間との直接的な関係に入ってくるのであり、そうしたことを通じてのみ、われわれは神をまざまざと感じることができるのだ（165頁参照）。

ブーバーは、対話論を通じて、「なんじ」との関係において「われ」が成立するという、他者優位の観点を強調し、「われ」の自己中心性や横暴性をいさめた。その声は、いたるところで日常的に暴力が繰り返され、紛争の止むことのない時代のなかで、平和という一筋の狭い道につながっている。

『我と汝・対話』が読みづらいというひとには、斉藤啓一の『ブーバーに学ぶ　「他者」と本当にわかり合うための30章』（日本教文社、2003年）をすすめたい。本書は、ホスピスのカウンセラーである斉藤がブーバーの根本思想を30に分けて述べたものである。そのなかでは、アインシュタイン、ローゼンツヴァイク、ヘッセなどとの交流、ナチスの迫害に対する抵抗、世界平和のための運動にも言及され、ブーバーの生涯と思想が浮き彫りにされている。

斉藤は本書のねらいについて、「まえがき」でこう述べている。「彼の説いた『我と汝』の関係性を、読者ご自身が日常生活において実現していくためのヒントを提供することにある。すなわち、すばらしい出会いに恵まれ、深く理解し合える関係性を築き、真実の自分と、人生の意味を発見していただくこと、そしてその波紋を全世界に連鎖的に広げていただくこと、これが本書の目的である」（XⅧ頁）。30のなかから四つだけ見てみよう。

［2］は、「真の人間性は、利害関係のない人や、立場が下の人に対して、どのような態度を取るかでわかる。――人間を孤独にし社会を殺伐とさせる〈我―それ〉の関係――」という表題をもち、人間関係に利害や打算が入りこみ、人格的な関係が疎外されがちな現代社会を批判する1章である。ブーバーの主張がこうまとめてある。「自分の利益を得るための道具として、相手を見てはならない。まずは心を開き、相手の全存在をありのままに受け止められる大きな人間になること」（16頁）。

［25］は、「暴力が人と人を結び付けることはない。／敵対状態か、奴隷状態をもたらすだけである。――ユダヤとアラブの和解に向けて不屈の戦いに挑む――」という表題で、ブーバーが危険を顧みず尽力した、ユダヤ人とアラブ人との平和的な共存を求めての政治活動に焦点を定めている。

「人間にとって致命的なのは宿命を信じることだ。／宿命を否定することで人間は自由になる。――ブーバー思想の精神療法への応用――」という表題の［27］は、相手を冷たく観察するのではなく、こころから見つめることの大切さを強調している。彼は、だれと話すときも全神経を集中させて耳を傾け、相手からあるがままを受けとめてもらえるという信頼を得たという（273頁参照）。ある人物の証言によれば、ブーバーは何よりも見るひとであり、その目は冷静で率直であり、真の興味にあふれた目だったとのことである（276頁参照）。ブーバーは、相手をやさしく見つめ、すべてを受けいれる態度で接することこそが患者のこころを癒すと考えた。今日、ブーバーのような目で患者を愛情深く見つめることが治療に効果をもたらす例は、いくつも報告されている。「愛し合うことが真の癒しであり、真の癒しとは愛し合うことである」（283頁）。

「新しく始めることを忘れてしまわないならば、／老年というのは一つのすばらしい事柄である。――最晩年の活動と死――」という標題の［30］は、ブーバーの最期の姿を描いている。「犬があなたを見つめたとき、そのまなざしに応えるがよい。／子供があなたの手をつかんだとき、その触れ合いに応えるがよい」（321頁）という彼の残したメッセージが引用されている。

観音経の教え

―釈宗演は語る―

September

9月－1

宗教に無関心でも、大晦日には除夜の鐘に耳を傾け、初詣には神社で拍手を打って頭を垂れるひとは少なくない。各地の寺社仏閣が観光客でにぎわう光景もよく見かける。そのなかには、仏像をたんに鑑賞するのではなく、合掌して静かに祈るひとの姿もあるが、多くのひとは、寺社訪問を消化すべき観光スケジュールのひとこましか考えていないだろう。年末年始や冠婚葬祭の折などに宗教的な習慣を繰り返すひとの多さに比べれば、宗教的な書物を熱心に読み、宗教の教えをかみしめて生きるひとの数ははるかに少ない。

釈宗演の『観音経講話』（春秋社、2018年）は、1914年から1917年にかけて婦人道話会でおこなわれた講話をまとめたものである。宗演の死後100年を記念して復刊された。「観音経」といっても、若いひとは「なに、それ?」という反応だろうが、50代後半の宗演が女性向けに話した内容は、不思議な魅力にあふれ、何度でも読み返さずにはいられない。一読すれば、「え、よくわからないけど、すごい」と感じ、再読したくなるはずである。読み返すたびに、少しずつ「観音経」の真実が伝わってくるだろう。若者にとくにすすめたい本である。宗教は、年老いたひとのためよりも、むしろ青年が学んで将来に活かすためにある。

釈宗演（1859～1919）は、福井県の高浜に生まれた。12歳で釈越渓の弟子になり出家した。その後、建仁寺、三井寺などで学び、1878年から鎌倉円覚寺の今北洪川のもとで修行に励んだ。1885年に慶応義塾に入学し、福沢諭吉に英語を学んだ。1887年から1889年までセイロン（現スリランカ）に遊学。1892年に洪川の後をついで円覚寺の管長に就任した。翌年にはシカゴ万国宗教会議に参加するために渡米し、日本人の僧侶として初めて欧米に仏教を紹介した。キリスト教が優勢を占める国で仏教の話などしても通じないという意見が多いなかで、宗演はこの会議を仏教布教の好機ととらえていた。

1894年から翌年の初めにかけて、夏目漱石が宗演のもとで参禅体験をしている。この時の体験は、小説『門』に活かされている。師と仰いだ洪川の亡き後、自分の門下となって厳しい修行に打ちこんでいた鈴木貞太郎に、宗演が「大拙」という居士号を授けたのも1894年である。1905年にアメリカ、ヨーロッパ、インドを歴訪し、翌年帰国した。1916年の夏目漱石の葬儀には、法話を講じている。1919年、61歳で病没。

『観音経講話』は、「観音経開講前話」に続き、全部で23回の講話がおさめられている。この講話の特色は、なによりもわかりやすいという点にある。意識的に、重要なポイントが幾度となく強調され、観音経の根本が理解できるように工夫されている。また、過去の禅僧や庶民、武士、政治家などのふるまいの具体例も豊富に示され、多種多様な和歌も引用されて、実に面白い講話になっている。

宗教は人間をどのような角度からとらえるのかという問題をめぐってこの講和は進む。

宗演は、われわれが「観音の現われ、化身、片割れ」であると繰り返す。観音菩薩はわれわれに対峙するのではなく、われわれのなかに姿を現しているというのである。目の前の観音様に向かって合掌することは、同時に、観音が現われている自分自身のこころと身体に向かって合掌するということである。仏とひとを一体的にとらえる観点は、神とひととの絶対的な分離を前提とする欧米の宗教とは違うところだ。

観音菩薩とはどのような存在なのか。宗演の説明によると、観音菩薩は、慈悲と智慧、勇猛心、道義心を備えている。こうした側面は個々の人間にも見られるはずで、それを信じなければならないと宗演は言う。「我々は智慧の現われ、慈悲の現われ、また意思の力の現われであると、どうしても信じなければならないことになる。こういうところが宗教の極めて大切なところで、そういう自信があるならば、いやしくも観音の慈悲の現われなる人間として、間違った邪しまな、ましていわんや罪悪を作るというようなことには、どうしても心が向けられなくなる。これがありがたいところである」（24頁）。ここには、信仰心による悪徳の抑制効果というものが端的に語られている。われわれのなかに、悪への誘惑を拒否する力が潜むと信じることができれば、悪は遠ざけられるというのである。

観音がわれわれの化身であると信じて、身を慎まなければならないのは、われわれのなかに悪への傾向を駆りたてるような働きが根深いからである。仏教のすばらしさは、徹底して人間の悪を凝視している点にある。法華経のなかで、「三界はなお火宅の如し」（52頁）

と言われる。すなわち、欲界、色界、無色界という人間の三つの世界は、三毒、五慾で燃えたっていると見なされる。三毒とは、貪欲、瞋恚(怒り)、愚痴を指す。宗演はこう語る。「誰にでもあることと思うが、自分の思っていることに、あべこべのことを持って来ると、猛火炎々として、瞋《いか》りの心が頭をもたげてくる。人と人が何か話をして、ひょっと感情の衝突を起こすと、心の中の猛火が炎々と燃え立って来ることがある」(53頁)。人間同士のつき合いでは、口が災いのもととなったり、ちょっとした行き違いで暴力沙汰になったりすることは避けられないということである。

五慾とは、財慾(金銭慾)、色慾、食慾、名利慾、睡眠慾の五つである。8万4千種類の慾がひそむという説もあるといい、過去の宗教者たちがひとのふるまいを慾という観点から執拗に見つめていたことに驚かされる。おそらく、人間界の些細なもめごとから、犯罪、暴力、殺人にいたる出来事の背景には、慾に翻弄されずには生きられないわれわれの性というものがある。慾の力は強大であり、慾がもたらす悲劇はいたるところで繰り返される。日本では、さまざまの欲に迷った僧達は「生臭坊主」と揶揄されてきたし、カトリック世界における聖職者による未成年者への性的虐待もたびたび記事になる。

それゆえに、慾の力に屈服して他人から非難されないためには観音様の力を信じ、その力がわれわれにも及んでいると信じることが大切である。こころが猛火に包まれるときに、「観音様を信じておる人、少なくとも平生、多少精神的の修養がある人ならば瞋りの心がむっと頭を上げて来たのを、まあ待てと頭を押さえることができる」(53頁)。相手の不愉快な言動にかっとなって怒りだしそうなときには、観音様を拝み、同時にわれわれは観音様の現われでもあるはずだと意識して拝むと、瞋りの火が消えるというのである(54頁参照)。

観音経では、だれにも染みついている五慾のほかに、「七宝財」という精神上の宝が備わっているとも語られる。信財(信仰心)、進財(勇猛心をもって精進すること)、聞財(謙虚に耳を傾けること)、慙財(羞恥心＝己を恥じること)、戒財(自分のこころが悪に傾かないように戒めること)、捨財(どんなに良いことをしても、自分がしてやったのだという恩着せがましいこころを捨てること)、定慧財(不動心)の七つである。「我々は精神上において、こういう無尽蔵なる財産を元よりもっているはずである。しかるに我々は、その財産の所有者であることを我自身に忘れている。身はたとえいかに富んでいるといっても、この心の中の財産を欠いた人は、これを精神的に見て貧乏人といってもよい」(64頁)。

精神的に貧しい状態のままだと、羅刹鬼国をさまよわなければならない。先に述べた三毒、五慾が支配するこの国では、殺生、偸盗、邪淫、妄語、綺語(真実に反してことばを飾り立てること)、悪口(人をあしざまに言うこと)、両舌(二枚舌)、慳貪(物惜しみすること)、瞋恚、愚痴といった「邪見」がひととひととの間に忍びこんで、災いをなしている(65頁参照)。職業、身分を問わず、邪見と無縁に生きられるひとはいない。

こうした傾向が生ずるのは、われわれのこころがひととのかかわりのなかで絶えず変転して止まないからである。雲が刻々と姿を変えて流れていくように、われわれのこころも一時として静止しない。「昔の人はずいぶん細かなことをいったもので、我々が朝から晩までいろいろに心の変ることを算えて4億2千遍も変化するといっている」(70頁)。宗演は、様々に変化するこころの大半を、先に述べた貪欲や瞋恚、愚痴といった不道徳的なこころが占めていると見なして、こう語っている。「言い換えればいろいろの罪とか咎とか悪心とか、そういう心が勝ちを制していて、良心、慈悲、正義、至誠、人道という観念がごく乏しい。実にあさましきものである」(71頁)。とはいえ、だれもが一方的に悪へと傾くわけではなく、悪に抗して善を志向する傾向も生ずる。「だいたい我々の心は善悪の二つに分かれていて、善とか悪とか常に戦争しているようなものである」(71頁)。人間が常に理性と情念との間の内戦状態にあると見なしたパスカルと同じ認識である。残念ながら、この戦争では、すべきことをするよりも、したいことをしてしまう方が優勢を占めて、しばしば情念が勝利する。

それでは、いったいどうすればいいのか。それについては、すでに述べたように、怒りや愚痴や邪悪なこころが現われてきたときには、それをしかと見すえつつ、南無観世音菩薩と念じて、同時に自分が大慈大悲の観世音菩薩の化身であることを思い起こすことである。そうすれば、露霜が朝日の前に消えうせるように、邪念も消え去るという(77頁参照)。こういう境地にいたるためには、宗教的な経験を徹底して深めていく修行が必要であり、俗事にまみれて生きる凡人にはむずかしい。

凡人に参考になる観音経の教えのひとつは、世界が五官では到達できない甚深微妙の領域に富み、それを知るためには肉の眼ではなく、心の眼を活用しなければならないという点である(73頁参照)。眼にとどまらない。耳についても考えを改めなければならない。「耳も肉の耳の外にある。一つの肉の耳ばかり当てにして聴くようではいけない」(同頁)。目に見えるものの次元を突きぬけて、目に見えないものを精神的な眼でつかむこと、耳に聞こえるものを聞くだけでなく、肉の耳には聞こえないものの音を聴くことが大切なのだ。宗演は、力強くこう断言している。「たとえ身にはいかに貴いところの宝で作った瓔珞《ようらく》をさげていても、火に遭えば焼かれてしまうし、水に遭えば流れてしまうもので、真の宝ではない。真の宝というものは心の美にある。我々の精神上の真の宝というものは、決して形にあるものではない」(232頁)。目に見えるものの世界であくせくしている者には、耳の痛い指摘である。

『観音経講話』は、宗演が高みに立っておこなう説教ではなく、自分に対する批判や自戒のことばを率直に交えながら、観音経の真実を伝えたいという情熱に満ちた講話である。そのめざすところが、たえず自分のこころに立ち戻りよりよく生きること、さらにまた狭い考え方を打破して、より深く柔軟に人間や社会、世界を見つめ、肉眼には見えないもの、肉の耳には聞こえないものとのかかわりのなかで生きていくことだとすれば、本書はそうした人生へのすぐれた指南書だとも言えるだろう。

釈宗演『禅に学ぶ明るい人生』（国書刊行会、2019年）は、『人生明るい世渡り』というタイトルで1933年に出版された本の復刊本である。冒頭の但し書きで、当時の戦時非常体制のなかで示された宗演の国家認識には、現在から見ると偏った箇所があり削除したとあるが、隠しだてを嫌い、ときには自分をさらけ出して直裁に語った宗演は、向こうの世界でその配慮を苦々しく受けとめているかもしれない。

本書は、折々の講和の一部を57篇に編集したもので、附録として、鈴木大拙の「釈宗演師を語る」、徳富蘇峰による「釈宗演老師のこと」、芥川龍之介が夏目漱石の葬式を描いた「葬儀記」が加えられている。宗演は、「我が仏教は、けっして、年寄り仏教ではない。老人より若い人に必要です」（41頁）と述べて、若者に宗教を推奨している。宗教の一面はこう定義されている。「世間の人は、宗教とか信仰といえば、『お経の中にあるものだ。お寺へ行かなければ得られないものだ。僧侶に会わなければ求められないものだ』と思っているようですが、それは大きな間違いです。けっして、ワザワザそんなところに求めなくても、自己本心の発露するところ、そこに、宗教は躍如として現れているのです」（74～75頁）。われわれは、外物のために自ら欺かれ、喜怒哀楽に妄動し、自分のこころのありように無頓着なまま生きやすいが、立ちどまって自心を省みるのが宗教だというのである（74〜75頁参照）。

もうひとつの定義を引用する。「要するに、我々が、『生・老・病・死』の四苦の中に在って、その中に『ある物』の存在を認め得たならば、そのとき、不生不滅の境地に入り、安心立命することができるのです。我々は、もともと、この『ある物』から生まれているのであって、ただその事に気がつきさえすればよいのです」（192頁）。宗教の核心が謎めいたことばで表現されているが、宗教は、狭い自己へと閉ざされるこころを、この「ある物」へと開くところにあらわれてくるのであろう。

この本には、この世界で明るく生きていくための宗教的なアドヴァイスが満載である。「なにに注目し、どう生きるか」を考えるヒントも豊富である。

中島美千代の『釈宗演と明治　ＺＥＮ初めて海を渡る』（ぷねうま舎、２０１８年）は、宗演と同郷の作家が、宗演の生涯を丹念に追跡してまとめあげた評伝である。序章　ふるさと若狭高浜、出家から、慶応義塾で洋学を学ぶ、セイロン遊学、管長就任、シカゴ万国宗教会議、欧米布教、南船北馬までの全7章、終章　ＺＥＮは世界へという構成である。

宗演の修行時代、今北洪川、鈴木大拙、福沢諭吉、夏目漱石らとの交流、禅を欧米に伝えるための積極的な活動ぶりなどが活写されている。シカゴで17日間にわたって開催された国際的な宗教会議の様子は詳しく記述されており、とりわけ興味深い。「仏教の要旨併びに因果法」と題する宗演の論文は8日目に発表され、拍手喝采をあびたという。この会議は、仏教がアメリカに広がるきっかけとなった。

本書は、宗演が明治初期の廃仏毀釈運動による仏教衰退を案じ、後年はヨーロッパ列強によるアジアの国々の植民地化の現実を知って日本の将来を危惧した状況を詳細に記述している。列強に対抗する力を仏教に求めた宗演の姿も描かれ、彼が生きた明治という激動の時代がなまなましく浮かびあがってくる。

September

9月－2

宗教の要諦

――鈴木大拙の一念――

鈴木大拙（１８７０〜１９６６）は、金沢に生まれた。本名は貞太郎。22歳で上京し、学生時代に、鎌倉円覚寺の今北洪川、釈宗演に参禅して、大拙という道号を受けた。１８９７年、釈の推薦でアメリカのポール・ケーラスのもとに行き、ケーラスの『老子道徳経』や道教関連書類の英訳を手伝った。１９０８年には、『大乗仏教概論』をイギリスで出版し、１９０９年に帰国。東京の大学で英語学などを教えていたが、１９２１年に真宗大谷大学（現大谷大学）に移り、仏教を教え始めた。その後、英文の雑誌『イースタン・ブディスト』を創刊し、仏教や禅の思想を世界に紹介した。１９３６年以降、海外のいくつかの大学で講義をおこない、１９６６年に95歳で逝去した。晩年の鈴木が取り組んでいた親鸞の『教行信証』の英訳は未完に終わった。

鈴木が残した英語、日本語による著書、論文は多数あるが、今回はそのなかから3冊紹介しよう。

鈴木大拙『禅と日本文化』（北川桃雄訳、岩波新書、１９４０年）は、著者が英文で書いた『全仏教とそれの日本文化への影響』（１９３８年）の前篇6章と、「禅と俳句」を北川が和訳したものである。「序」を寄せた同郷で親友の哲学者・西田幾多郎は、「君自身は記憶して居られるか否かは知らぬが、君は若い時から佛教は世界に弘むべきだといってゐた。今その言が思ひ合されるのである」（ⅰ頁）と往時を回想している。鈴木は、「原著者序」のなかで、日本人を批判している。「近頃の邦人は亀の子のように頭や足をすっこめて固くなる一方のようにも見えるが、ほんとうに生長するには思想的にも精神的にもまた外延する必要があると自分は信ずる。ことに無価の宝を懐く自分らではないか」（ⅲ頁）。

本書は、第1章が「禅の予備知識」、第2章から第7章まででは、禅と美術、武士、剣道、儒教、茶道、俳句とのつながりが論じられている。第1章には、仏教と禅の世界への招待のことばが明晰で格調高い文体でつづられている。鈴木によれば、仏教の真髄は般若（超越的智慧）と大悲（愛、憐情）にある（2頁参照）。般若とは、生と世界の根本的な成り立ちを洞察することであり、それを通じて大悲が働き始める（同頁参照）。分かりやすく言えば、万物が仏の大いなる力に預かって存在していることを自覚すれば、みな等しく生かされて存在する万物への憐れみの情が涌いてくるようになる、それが仏教の教える根本的な経験だということだ。それでは、般若への道はどうして開かれるのか。答えは、「禅によって」である。鈴木は言う。「禅は、無明と業の密雲に包まれて、われわれのうちに睡っている般若を目ざまそうとするのである。無明と業は知性に無条件に屈伏することから起るのだ。禅はこの状態に抗う。知的作用は論理と言葉となって現れるから、禅は自ら論理を蔑視する」（3頁）。禅の分かりにくさの理由が端的に示されている。禅は知的な理解を超えた地平にあり、頭で分かろうとしても無駄なのだ。禅の真理は、「身をもって体験することであり、知的作用や体系的な学説に訴えぬということである」(7頁)。「禅のモットーは、『言葉に頼るな』(不立文字)というのである」(同頁)。座禅という、身をもってする鍛錬を通じておのれのこころと向き合う経験を経なければ、般若は得られないのである。

禅と美術の関連を扱う第2章では、この種の、こころや生命の経験が禅僧の描く絵画を特色づけている点が指摘される。「おそらく東洋人の最も特異の気質は、生命を外からでなく、内から把握することであろう。禅は、まさに、それを掘りあてたのである」(16頁)。鈴木は、禅に固有な方法についてこうも述べている。「それはわれわれ自身の存在、すなわち、実在そのものの秘密を直接に洞察することである」(150頁)。禅における自己還帰的な特徴の指摘である。

禅の修業の場が山林に囲まれた静寂の場所にある場合、禅僧はそこでおのれの実存とこころの動きを見つめるだけでなく、こころが開かれている自然物にも向かう。鈴木は、彼らの観察の特殊性に注目し、こう述べる。「それは単なる博物学者の観察ではなくて、禅僧たちはその観察する対象の生命そのもののなかまで入りこまねばやまぬ。だから、いかなるものを描いても、かならず、彼らの直観を表現することになって、『山や雲の精神』が、その作品のなかにおだやかに息づいているのを、感じることができるのである」(24頁)。彼らは、対象の外側からの観察をきっぱりと拒否し、対象とひとつになって、対象のいのちを感受しながら描いているという。それゆえに、描かれた山や雲にはこころが宿り、禅僧の観照そのものの表現となる。

　第7章「禅と俳句」では、『聖書』の「門を叩け、されば開かれん」という表現のなかの「叩く」について、独特な理解の仕方が示されている。「精神的にいえば、ここにいう叩くはまったく普通の叩くではない。その存在を組成する肉体的・知的・道徳的・精神的のいっさいをもって、自我を創造の門に叩きつけることである。人間の全存在が、まったく力つき、身内の最後の一滴の力を使ってこの（創造の）門に投げつけられるとき、はじめてそれは衝撃を生じて彼を不可思議の領域に突き進めるのである。禅の鍛錬はこの体験に至らせる」（161〜162頁）。まずは全身全霊を賭して禅の修業に打ちこまなければ、不可思議の経験には遭遇できないという禅の厳しさが語られている。この経験が、通常の意識レヴェルを超えた次元で開かれる悟りである（163頁参照）。

　鈴木は、悟りの別の一面についてこう語る。「それは通常に異常を見、平凡な事実に神秘的なものを感知し、創造全体の意味を一気に領得する一点を把握し、一本の草の葉を採ってこれを丈六の金身仏に変ずるのである」（163頁）。この禅の悟りは、蛙が水に飛びこむ、蝶が花に舞う、月が水に影を宿すといった、自然の普通の出来事に深く関心をもつことひとつであり、その関心が詩的な形式をとったのが俳句である（165頁参照）。鈴木の定義によれば、俳句は「最深の真理を直覚的につかみ、表象を借りてこれをまざまざと現実的に表現すること」（166頁）である。鈴木は、その具体例として、参禅の経験をもった芭蕉の「古池や　蛙とび込む　水の音」という俳句を取りあげている。この句の理解は、宗教的な意識論（意識、半意識、無意識［蔵識、無没識］、宇宙的無意識）と結びつけて圧縮した仕方で表現され（171～172頁参照）、禅的な世界観の深みをかいま見せてくれる。俳句に興味のあるひとには特に読んでほしい。

かつて欧米の読者に強い影響をおよぼした本書は、こんにち読んでも、依然として刺激的である。日本文化のさまざまな分野における禅とのつながりを知るための最良の一書である。

鈴木大拙『東洋的な見方』（角川ソフィア文庫、2017年）は、1963年の初版本（春秋社）を底本としている。この年、鈴木は93歳、最晩年の著作である。

本書には、鈴木自身が「近来自分が到着した思想を代表するもの」（3頁）と見なす論文が14編おさめられている。鈴木は、東西の思想が交流し、相互の理解を深めることを通じて「世界文化」の展開につながることを切望している（「序」と87頁参照）。この壮大な理想を遠望しつつ、東洋的な考え方の特色が詳細に述べられている。

最初の論文「東洋思想の不二性」は、東西の思想の比較論である。鈴木によれば、西の思想は「二分性の考え方、感じ方」（7頁）に立脚し、主客対立的な世界にとどまる。東のそれは、主客二分化以前の、けっして対象的な仕方では意識されない世界（無意識）がこころの奥底に働いていることを感じ取っている。西洋の二分性の徹底は学ばなければならないが、それだけでは不十分である。世界文化の展開のためには、東洋的な見方の徹底によって、二分性文化の不備を補足するべきだというのが鈴木の主張である（10頁参照）。我と汝、自国と他国といった二分法的な思考は、しばしば、自己への執着、自国中心主義、他国の排除などへと傾きやすく、紛争のもとになりやすい。

それと異なるのが、東洋的な考え方の特徴を端的に示す「入不二法門」である。「不二」という仏教用語は、自他、男女などのように相対立すると見なされるものが、実際には二分化されず、一体化しているとする見方である。鈴木によれば、「入不二法門」とは、「『一切の法において、言なく、説なく、示なく、識なく、諸々の問答を離れる』」（13頁）ということである。論理で論理を反転させず、ことばによってことばを否定する次元を断ち切って、ことば以前の世界に飛びこむことである（14～15頁参照）。それは、「横超、飛躍、直入」などと呼ばれる身をもってする経験である（14頁参照）。この経験の徹底の先に開かれる「不二法界の世界」（17頁）は、こう表現されている。「二でも三でも百でも万でも、この世における有限の事と物とは、いずれも円融無礙的に参差し、錯綜する。二分性はけっして絶対的でない。いつも自分を否定して、そうして自分に還ってくる。一はそのままで一でなく、二はそのままで二でない。一に即して二であり、二に即して一である」

（同頁）。この世界が、西欧の二分法に対抗する「東洋的世界観」として強調されている。

東西の見方の違いは、「現代世界と禅の精神」のなかで、思議の世界と不思議の世界とも関連づけて説明されている。前者は理性によって分割する分別の世界であり、後者は分別不能な世界である。分別できない世界に入って生きるためには、「未知の領域へ驀進または侵入する覚悟で、全存在を投げ出す」（73頁）という「体究、体得、体取」（同頁参照）の態度をとることができなければならない。鈴木が特に力説する点である。

「東洋学者の使命」は、鈴木が東洋的なものの中心と見なし、世界にぜひとも知らせたいと願う禅についての熱をおびた論考である。禅について無知なひとにも禅の核心に近づけられるよう工夫が凝らされている。おしまいの一段落に、鈴木の使命感が現われている。「『一二三四五』と分割したり切断したり限定したりして、ついには殺してしまうような世界だけに生きていては、人間の全貌はわからぬ。したがって人間らしい生涯は営まれない。どうしても、一たびは円融自在、事事無礙の世界を一瞥しなくてはならぬ。ここに東洋的具眼の人々が、声を高くして、全世界にその使命を伝えなければならぬ」（103頁）。

本書には、「自由・空・只今」「このままということ」「荘子の一節――機械化と創造性との対立への一つの示唆――」「東洋文化の根底にあるもの」「日本人の心」などの得がたい論考がおさめられている。われわれが生きている時代の特色や、機械技術を優先する文明の危機をずばりと指摘するものも少なくない。ぜひ熟読して、東洋、西洋、世界へと視野をひろげつつ、現代をどう生きるかを考えてほしい。

鈴木大拙『禅のつれづれ』（河出書房新社、2017年）は、『大拙つれづれ草』（読売新聞社、1966年）を底本としている。晩年に書かれたものをまとめたものである。「大拙つれづれ草」「東洋と西洋」「現代における人間本来の自由と創造性」「日本再発見」「わが真宗観三題」「妙好人」などからなっている。おしまいは、「老人と小児性」（遺稿）である。

本書のなかでもっとも興味深いのは「日本再発見」である。鈴木は、明治時代に西欧から流入したnatureを「自然」と訳したために、東洋的思想における根本的なものが忘却されたと指摘する（106頁参照）。鈴木によれば、「自然」ということばは、老子の道徳経の「道は自然に法とる」が初出であり、「自から然る」（106頁）、「他からなんの拘束を受けず、自分本具のものを、そのままにしておく、あるいはそのままで働く」（106～107頁）という意味である。

それに対して、鈴木は、英語の「自然」が主観に対する客観的な存在を意味し、主客相対的な世界に位置づけられていると見なす。欧米の登山家や冒険者などが、しばしば「自然の征服」という発言をするのはその一例である。西洋の多義的な「自然」概念のなかに、この種の主観に対立する「自然」が含まれることは否定できない。この文脈では、「自然」は人間の外部にあり、人間と対峙するが、東洋的な「自然」は、「自他を離れた自体的主体的なるもの」(108頁)である。「西洋のネーチュアの二元的なるに対して、東洋の『自然』は一元的包摂性である」(118頁)。

東洋の「自然」は、「最近どうですか」、「おかげさまで、元気にやってます」という日常の会話に結びつけられる。「おかげさま」と言うが、だれのおかげ、何のおかげなのか。「しかしてこの実質が、この人に対して、その表象たる『影像』によりて、いかなる『力』を仮し与えたか。その上、この『力』なるものが、いかにも不思議なもので、生きている一人の実質ある人間に対して、その健康と幸福とを保証してくれるのである」(119〜120頁)。これに続いて決定的な発言がくる。「この『かげ』の名で通っている、その後ろにある『実質』を何かというと、究極のところは『自然』に帰るよりほかないのである。われらは、無意識ながらに、われらを、その中に容れている、不思議の『力』をもっている『自然』―これがあるのでわれらは、いずれも『今日』あるをうるのである」(120頁)。生きてあるもの、天地の間にあるもの、過去および未来の一切のものは、この目に見えぬ「力」に保護されて生きているのである(同頁参照)。「単に『おかげ』といって、だれの、またば何の『おかげ』とも言わぬところに、いかにもめいめいの『力』に働きかけられている、人間生活の真実相がうかがい知られるのである」(120〜121頁)。

「おかげさまで」とは、「自然」の目に見えぬ力に生かされてあることへの感謝のこころを示している(121頁参照)。われわれは自分の意のままに生きることはできない。そのように錯覚すれば、自分の意にそまぬものを抑圧したり、排除したりすることになる。無用な対立や抗争のもとだ。鈴木が、日本で再発見すべきもののなかで最大級のものと位置づけている「おかげさま」は、「自然」の恩寵にあずかって生きるわれわれの姿を照らしだしている。

本書は、鈴木の人柄そのままに、気さくで、飾らない文章で書かれているが、何度でも読み直し、考え直すべき深い洞察があちこちに無造作にばらまかれている。そのひとつひとつを拾い集めて、鈴木との対話を継続することが大切だと痛感される本である。

October

10月－1

抒情の陰翳

―室生犀星と中原中也―

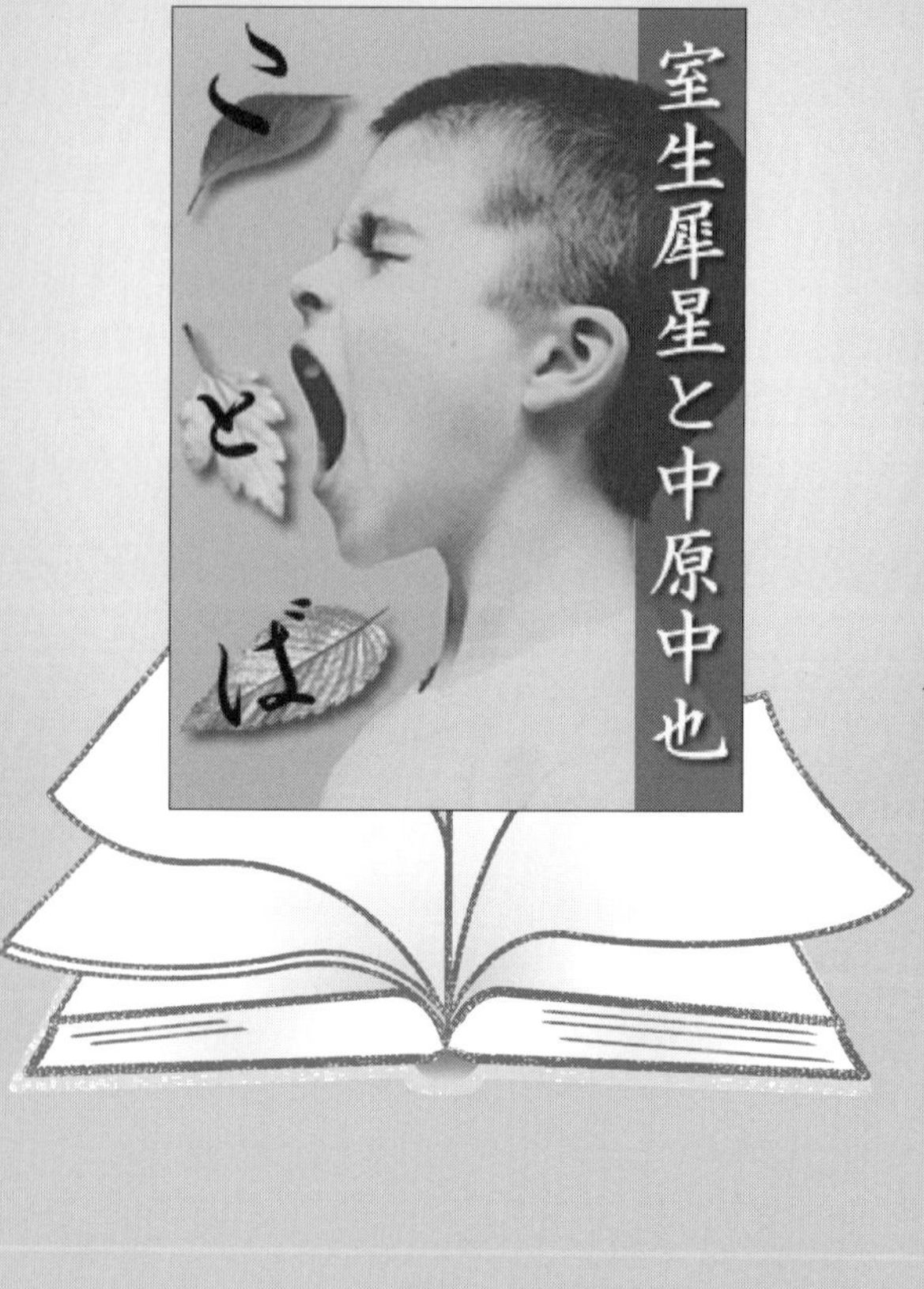

パスカルは、成人の精神を「幾何学的精神」と「繊細の精神」に分けたが、10〜20代の青年の精神を特徴づけるのは「抒情の精神」だろう。この時期を生きる若者は、個人差はあるものの、さまざまな情感におそわれる。風景に触れて、ひととの間で揺れて、生きものの生と死に遭遇して、悲哀や喜び、苦しみの感情があふれ出す。多くの感情は、ことばになる前に、現われるやいなや過去へと消え去ってしまうかもしれない。しかし、つかの間の感情の揺れ動きは、ひとたびことばによって表現されれば、いつまでも形となって残る。室生犀星と中原中也というふたりの詩人は、現在も読みつがれる抒情的な詩を数多く残した。

室生犀星（1889〜1962）は金沢市に生まれた。母親が誰であったかは分っていない。1週間ほどして、犀川河畔の雨宝院住職と内縁関係にあった女性にもらわれ、育てられた。1900年に長町高等小学校に入学するも、2年後には退学し、金沢地方裁判所で働き始めた。その後、俳句、詩と創作活動に打ちこみ、活動の場を東京に求めて、1910年に上京した。しばらくは金沢、東京間を往復する生活が続いたが、やがて東京に居を定めた。

彼は俳句や詩だけでなく、小説や随筆、説話、映画評論なども書き、生涯に膨大な数の作品を残した。2002年にオープンした「室生犀星記念館」には、161の初版本の表紙が展示されている。来館者の記録帳には、たくさんの中・高校生も感想を書きしるしている。

『抒情小曲集・愛の詩集』(講談社文芸文庫、1995年)には、「忘春詩集」もおさめられている。若き室生犀星のこころの詩である。「抒情小曲集」の「自序」は、詩を読む前にぜひとも読んでほしい。彼はこうしるす。「この本をとくに年すくない人人にも読んでもらひたい。私と同じい少年時代の悩ましい人懐こい苛苛しい情念や、美しい希望や、つみなき悪事や、限りない嘆賞や哀憐やの諸諸について、よく考へたり解つてもらひたいような気がする。少年時代の心は少年時代のものでなければわからない」(23頁)。「少年時代に感じた季節の変移の鋭い記憶とその感覚の敏活とは、ほんとに何にたとへて言つていいか解らない。まるで『触り角』のある虫のやうに、いつもひりひりとさとり深い魂を有つてゐるものだ。それはまだ小児の時代の純潔や叡智がそのまま温和にふとり育って、それが正確に保存されてゐるからである」(24頁)。室生は、少年時代の自分の感情の経験を顧みて、その内実を若い世代に伝えようとしている。

「抒情小曲集」は、3部構成である。折々の自分の感情を詠ったもの、小さな生きものたちや植物への激励の賛歌、風景との交感を刻んだものなど多彩な詩がならんでいる。いくつか引いてみよう。

まずは、1部「小景異情」の「その六」である。あんずへの愛の深さが強く印象に残る詩だ。

あんずよ
花着け
地ぞ早やに輝やけ
あんずよ花着け
あんずよ燃えよ
ああ　あんずよ花着け（35頁）

つぎは、「桜と雲雀」と題する詩だ。

雲雀ひねもす
うつらうつらと啼けり
うららかに声は桜にむすびつき
桜すんすん伸びゆけり
桜よ
我がしんじつを感ぜよ

らんまんとそそぐ日光にひろがれ
あたたかく楽しき春の
春の世界にひろがれ（48頁）

「蛇」と題する詩には、小動物を愛する室生のこころの傾きが現われている。

蛇をながむるこころ蛇になる
ぎんいろの鋭き蛇になる
どくだみの花あをじろく
くされたる憤井の匂ひ蛇になる
君をおもへば君がゆび
するするすると蛇になる（52頁）

2部の「永日」には、不遇な幼年期に傷つき、苦しんだ室生の心情が直裁に詠われている。

野にあるときもわれひとり
ひとり、たましひふかく抱きしめ
こごゑにいのり燃えたちぬ

けふのはげしき身のふるえ
麦もみどりを震はせおそるるか
われはやさしくありぬれど
わがこしかたのくらさより
さいはひどもの遁がれゆく
のがるるものを趁（お）ふなかれ
ひたひを割られ
血みどろにをののけど
たふとや、われの生けること
なみだしんしん涌くごとし（56頁）

興味をおぼえたひとは、詩のみならず、小説や随筆なども読んでほしい。室生には、『我が愛する詩人の伝記』（講談社文芸文庫、2016年）という傑作もある。彼の生涯についてくわしく知りたいひとには、富岡多恵子の評伝『室生犀星』（講談社文芸文庫、2015年）がおすすめである。

中原中也（1907〜1937）は山口県の小村に生まれた。1915年、弟が病死し、その死を歌にしたのが詩作の始まりとなった。1920年、山口中学校に入学するが、文学にふけり、学業を怠り、1923年に落第する。同年、京都の立命館中学第3学年に編入学後、詩作活動を開始する。フランスの象徴派詩人ランボーやヴェルレーヌの詩に傾倒した。翌年、長谷川泰子と同棲し、1925年に共に上京し、小林秀雄や大岡昇平を知る。この年に長谷川は小林のもとに去った。1931年には、もうひとりの弟も病死する。1933年の結婚の翌年に生まれた長男もわずか2歳で病死した。1937年の1月、中原は神経衰弱で千葉市の療養所に入院。退院後は鎌倉に移った。7月には、故郷に帰ることを決意していたが、10月に結核性脳膜炎を発病し、かなわなかった。30歳の若さでなくなった。

中原の生涯を彩るのは、死と愛である。弟や長男の死は、中原のこころに哀しみと悔恨の陰影を与え、長谷川泰子との予想外の別れは、中原を「口惜しい人」にした。愛と愛の喪失が詩の主題となった。

『中原中也詩集』(大岡昇平編、岩波文庫、1981年)には、「山羊の歌」、「在りし日の歌」の他に未完詩篇などがおさめられている。大岡は、1929年に、中原と同人雑誌『白痴群』を創刊している。

中原の詩の多くには、やわらかいこころの悲しみや苦しみ、嘆きや痛みがしみわたっている。生の倦怠感や憂鬱感がこもる詩もある。中原にとって、生きることは詩の創作に全霊をつくすことであり、詩を書くことは、ひとや生きものや自然に触れてゆれるこころを歌うことであった。「山羊の歌」のなかから「帰郷」という詩を引いてみよう。

柱も庭も乾いてゐる
今日は好い天気だ
　縁の下では蜘蛛の巣が
　心細さうに揺れてゐる

山では枯木も息を吐く
あゝ今日は好い天気だ
　路傍の草影が
あどけない愁（かなし）みをする

これが私の故里だ
さやかに風も吹いてゐる
　心置なく泣かれよと
年増婦（としま）の低い声もする

あゝ　おまへはなにをして来たのだと……
吹き来る風が私に云ふ（38〜39頁）

室生にとっても、中原にとっても、故郷は生涯こころのなかで生き続けた。故郷が語りかけてくる声が消えることはなかった。

「在りし日の歌」のなかから、「一つのメルヘン」と題する後期の代表作を引用してみよう。中原のこころのなかで広がる秋の夜の空想は、どこまでもしんとして、冷たく、幻想的で、読むもののこころに深く刻みこまれる詩だ。

秋の夜は、はるかの彼方に、
小石ばかりの、河原があって、
それに陽は、さらさらと
さらさらと射してゐるのでありました。

陽といっても、まるで珪石か何かのやうで、
非常な固体の粉末のやうで、
さればこそ、さらさらと

かすかな音を立ててもゐるのでした。

さて小石の上に、今しも一つの蝶がとまり、
淡い、それでゐてくつきりとした
影を落としてゐるのでした。

やがてその蝶がみえなくなると、いつのまにか、
今迄流れてもゐなかった川床に、水は
さらさらと、さらさらと流れてゐるのでありました……（247～248頁）

「在りし日の歌」の「後記」で、中原はこうしるした。「私は今、此の詩集の原稿を纏め、友人小林秀雄に託し、東京十三年間の生活に別れて、郷里に引籠るのである。別に新しい計画があるのでもないが、いよいよ詩生活に沈潜しようと思つてゐる。／扨、此の後どうなることか……それを思へば茫洋とする。／さらば東京！　おゝわが青春！」（285頁）。この詩集は、中原の死の翌年、１９３８年に出版された。同年には、次男も病でなくなった。

大岡昇平の『中原中也』（講談社文庫、1989年）は、特筆すべき中原論である。大岡は、「中原中也伝―揺籃」のなかで、自分の疑問をこう要約している。「中原の不幸は果して人間という存在の根本的条件に根拠を持っているか。いい換えれば、人間は誰でも中原のように不幸にならなければならないものであるか」（10頁）。大岡は、中原を「生涯を自分自身であるという一事に賭けてしまった人」（13頁）と見なし、そのような人間が生きなければならなかった不幸とその意味を丹念に追跡している。

October

10月－2

愛と戦争を歌う詩人
―ジャック・プレヴェール―

思い出しておくれ、
幸せだった日々を
Jacques Prévert

哲学や音楽なしに、喜びや愛なしに生きることはできるが、それはよく生きることではないだろうと述べたのは、愛と死について多くのことを語った哲学者ジャンケレヴィッチである。哲学と音楽、喜びと愛のほかに、もうひとつ詩を加えてもよいだろう。

生活に追われて、毎日忙しく生きていると、ひとりでじっくりと詩を読む時間など生まれてこない。しかし、せわしなく過ぎる生活のなかでも、ほんのしばらくでも詩とつきあう時間を生きることができれば、生活のリズムがそれまでとは違ったものになるだろう。よい映画を観る前と観た後ではひとが変わるように、よい詩にもひとを精神的に変える力がある。

今回は、よい詩はひとを立ち止まらせ、よく生きることへの扉を開くのだ。

今回は、フランスのみならず、世界中で愛されたひとりの詩人の詩を紹介しよう。

ジャック・プレヴェールの『プレヴェール詩集』(小笠原豊樹訳、岩波文庫、2017年)は、平易なことばで生きものたちの愛や喜び、生と死、戦争や暴力の苦しみ、痛みを歌った詩を集めたものである。どの詩も読むたびに新鮮な驚きを呼びおこす。日常の世界の断面が、詩の言葉によってあざやかに切りとられている。「ほれた弱味——プレヴェールと僕」と題する谷川俊太郎の小論が再録されている。谷川は、「追白」のなかで、「あまりにもいい人たちとわるいやつら、いいこととわるいこと、この世のすばらしさを知りすぎているプレヴェール！」（293頁）と述べている。

ジャック・プレヴェール（1900〜1977）は、パリ郊外の小さな町に生まれた。家が貧しかったため、15歳で働き始め、いくつも仕事を転々とした。1920年に徴兵適齢期に達して軍隊生活に入るが、そのなかで、後にシュルレアリストの画家になるイヴ・タンギーや、映画や芸術に造詣の深いマルセル・デュアメルと親しくなり、友情は長く続いた。

1932年に、ジャックは弟のピエールと最初の長編映画「仕事は上々」を製作発表した。1936年頃からは、映画監督のマルセル・カルネとの共同作業が始まり、「霧の波止場」（1938）、「悪魔が夜来る」（1942）、「天井桟敷の人々」（1943〜1944）などの名作が生まれた。プレヴェールは、生涯に55本の映画制作にかかわった。

プレヴェールが映画の仕事の合間に書いていたおびただしい詩は、1943年、ドイツ軍占領下のランス市で、リセの哲学教師によってガリ版刷りで200部非合法出版された。2年後、パリ解放直後にガリマール社から出版された詩集『ことば』は、数週間で15万部を売りあげ、その後も版を重ねている。1980年代の詩集の編者は、プレヴェールを「生き生きとした光り輝く実在」と形容し、その「鳴り響くユーモア、熱烈なやさしさ、燃えさかる怒り」を讃えている（282頁参照）。プレヴェールは、『ことば』から、『ものとその他のもの』までで6冊の詩集を世に送った。

次にあげる「葬式に行くカタツムリの唄」というタイトルの詩は、移りゆく季節に包まれて生きとし生けるものへの讃歌である。カタツムリも、葉っぱも、けだものたちも、樹木も植物も、生きていることの喜びを歌っている。太陽も、月も、寄り添ってほほえんでいる。生きものたちの歓喜に満ちた、ユーモラスな世界だ。

死んだ葉っぱの葬式に
二匹のカタツムリが出かける
黒い殻をかぶり
角には喪章を巻いて
くらがりのなかへ出かける
とてもきれいな秋の夕方
けれども残念　着いたときは
もう春だ
死んでいた葉っぱは
みんなよみがえる
二匹のカタツムリは
ひどくがっかり

でもそのときおひさまが
カタツムリたちに話しかける
どうぞ　どうぞ
おすわりなさい
よろしかったら
ビールをお飲みなさい
お気が向いたら
パリ行きの観光バスにお乗りなさい
出発は今夜です
ほうぼう見物できますよ
でもわるいことは言わないから
喪服だけはお脱ぎなさい
喪服は白目を黒ずませるし
故人の思い出を
汚します
それは悲しいこと　美しくないこと
色ものに着替えなさい

いのちの色に
するとあらゆるけだものたちが
樹木たちが　植物たちが
いっせいに歌い出す
声を限りに歌い出す
ほんものの生きてる唄を
夏の唄を
そしてみんなはお酒を飲み
そしてみんなは乾杯し
とてもきれいな夕方になる
きれいな夏の夕方
やがて二匹のカタツムリは
自分の家へ帰って行く
たいそう感激し
たいそう幸福なきもちで帰る
お酒をたくさん飲んだから
足はちょっぴりふらつくが

空の高い所では
お月さまが見守っている。（32〜35頁）

次に「庭」という詩を見てみよう。

千年万年の年月も
あの永遠の一瞬を
語るには
短すぎる
きみはぼくにくちづけした
ぼくはきみにくちづけした
あの朝　冬の光のなか
パリのモンスリ公園
パリは
地球の上
地球は一つの惑星。（95頁）

公園でのくちづけというパリではありふれた日常のひとコマ、恋に酔う「ぼく」の意識はカメラとなってどんどんと時空のかなたに引いていき、宇宙的で、神秘的なスケールをおびる。その速度のめまぐるしさに、われわれ読者は酔い、それが「ぼく」の陶酔と重なる。このうえなく美しく、鮮烈な詩だ。

おしまいは、「戦争」というタイトルのついた詩だ。

きみら木を伐る
ばかものどもめ
きみら木を伐る
若木をすっかり古斧で
かすめ盗る
きみら木を伐る
ばかものどもめ
きみら木を伐る
ふるい木と　ふるい根っこと
ふるい義歯は
とっておく

きみらレッテルを貼る
やれ善の樹だ　やれ悪の樹だ
勝利の樹だとか
自由の樹だとか
荒れた森はおいぼれた木の臭いでいっぱい
鳥はとび去り
きみらそこに残って軍歌だ
きみらそこに残って
ばかものどもめ
軍歌だ　分列行進だ。

この詩は、フランソワ・オゾンの新作「婚約者の友人」の、息子を第一次大戦で戦死させた老父のせりふを連想させる。「若者たちの愛国心をあおって戦場に送り出し、敵国の若者たちを殺させ、それを肴に祝杯をあげる、それがわしら老人たちのしてきたことだ」。若木を伐り倒し、森を荒廃させるのは、つねに愚かしい権力者である。ひとを木にたとえることで、プレヴェールは権力者への激しい怒りをたぎらせる。

プレヴェールの詩を読んで、その生涯に興味をいだいたひとには、柏倉康夫の『思い出しておくれ、幸せだった日々を　評伝ジャック・プレヴェール』（左右社、2011年）をすすめたい。帯には、「シャンソン『枯葉』、映画『天井桟敷の人びと』の詩人をいま再び甦らせ、20世紀のパリそのものをピカソやヘミングウェイらとともに描く**傑作評伝！**」とある。けっして誇張ではない。実に丹念に数々の資料を読みこんで、時間をかけて仕上げた力作である。本書のタイトルは、「枯葉」のなかの一節である。

ドイツ占領下のフランスで、『天井桟敷の人びと』が完成されるまでのスリリングなプロセスは、特に興味深い。この映画史上燦然と輝く名作を、機会をみつけて、ぜひ観てほしい。柏倉は、批評家G．サドゥールの文章を紹介している。「マルセル・カルネの傑作であり、ジャック・プレヴェールの傑作である。彼らはそれぞれの業と能力を自家薬籠中のものにしており、三時間を超える映画でもって、一般的には小説家の専売特許とされる複雑さでもって、さまざまな人物と状況を描き出すことに成功した。（中略）ひとことで言うなら芸術と人生の壮大にしてデリケートなからみが、この映画の魅力を生み出している。それが抽象的なテーマとしてではなく、肉体的なアクションとして、生き生きと表現されている」（425頁）。

本書には、ルイ・アラゴン、ジャン・ギャバン、アルベルト・ジャコメッティ、アンドレ・ジッド、アーネスト・ヘミングウェイといった多彩な人物が登場する。プレヴェールの生涯を、彼が生きた動乱の時代やひとびととのつながりを通して活写した本評伝は、読者のわれわれをもその時代に連れていってくれる。

古典の森を散策してみよう（2）

——『バガヴァッド・ギーター』を読む——

November

11月－1

『バガヴァッド・ギーター』（上村勝彦訳、岩波文庫、２０１６年〔第32刷〕）は、インドの古典中の古典としてもっともよく知られた聖典である。標題は「神の歌」という意味である。『ギーター』は1世紀ごろに成立したと見なされ、大叙事詩『マハーバーラタ』（全18巻）の第6巻に編入されている。

『ギーター』はインドの諸流派に共通の聖典であり、日本の仏教諸宗派にとっての「般若心経」や「観音経」にあたるものである。古くからアラビア語、ペルシャ語などに翻訳されて広く読まれ、インドでは、建国の父・ガンディーが『ギーター』を自分の行動の指針とした。欧米では、ドイツの文学者のシュレーゲル、アメリカの詩人エマソンがこの書物を絶賛している。フランスの思想家シモーヌ・ヴェイユは、サンスクリッド語を学び、抄訳も試みている。そのほか、世界の諸地域で多くのひとびとがこの書物に魅了されている。

『ギーター』は、まえがき、全18章、訳注、解説という構成である。「まえがき」で、『ギーター』以前と以後の叙事詩の梗概が述べられている。訳者によれば、『マハーバーラタ』全体は人間存在の空しさを説いた作品であるが、編入された『ギーター』の主題は、「この世に生まれたからには、定められた行為に専心する」（16頁）ことである。

第1章は、一族を滅ぼす戦いの意義について悩み、戦場で戦意を喪失したアルジュナの言動の描写である。

第2章で、聖バガヴァット（クリシュナ=最高神の化身）がアルジュナに対して、戦闘を鼓舞するための教えを説く。重要な教えの一番目は、輪廻転生的な人間論である。「主体（個我）はこの身体において、少年期、青年期、老年期を経る。そしてまた、他の身体を得る」（34頁）。「人が古い衣服を捨て、新しい衣服を着るように、主体は古い身体を捨て、他の新しい身体に行く」（35頁）。二番目は、行為の結果を先取りして躊躇したりせずに、行為に専念せよという行為論である。「あなたの職務は行為そのものにある。決してその結果にはない。行為の結果を動機としてはいけない。また無為に執着してはならぬ」（39頁）。三番目は、智者論である。「意にあるすべての欲望を捨て、自ら自己においてのみ満足する時、その人は智慧が確立したと言われる。／不幸において悩まず、幸福を切望することなく、愛執、恐怖、怒りを離れた人は、叡知が確立した聖者と言われる」（40頁）。四番目は、智者の境地を述べる寂静論である。「すべての欲望を捨て、願望なく、『私のもの』という思いなく、我執なく行動すれば、その人は寂静に達する」（42頁）。

第3章では、こうした理想的な人間像を聴いたアルジュナが尋ねる。「それでは、クリシュナ。人間は何に命じられて悪を行うのか。望みもしないのに。まるで力ずくで駆り立てられたように」（48頁）。ユダヤ教やキリスト教、仏教の諸宗派でも主題となる悪に関する問いかけである。聖バガヴァットはこう答える。「それは欲望である。それは怒りである。激質という要素から生じたものである。それは大食で非常に邪悪である。この世で、それが敵であると知れ」（同頁）。欲望や情念が悪の根だというのは、今日でも共有できる認識だ。欲望の力に引きずられて悪行を重ねる人間は古今東西どこにでもいる。

それゆえ、第5章、第6章では、われわれが悪行に引きずりこまれないためのひとつの方策（自主的な道）について説かれる。悪の回避を可能にするのは、一言で言えば、自戒である。「［行為の］ヨーガに専心し、自己を清め、自己を制御し、感官を制し、その自己が万物の自己となった者は、行為しても汚されない」（58頁）。われわれは、警戒を怠ると、やすやすと欲望のとりこになるし、ついムカッとして暴言を吐き、荒っぽい行動にも出てしまう。だからこそ、自己コントロールが欠かせない。

聖バガヴァットは、われわれの自己への関係のあり方に関して、ふたつの側面があると説く。「自ら自己を高めるべきである。自己を沈めてはならぬ。実に自己こそ自己の友である。自己こそ自己の敵である。／自ら自己を克服した人にとって、自己は自己の友である。しかし自己を制していない人にとって、自己はまさに敵のように敵対する」（62～62頁）。自分という存在は、自分の友人にも敵にもなるというのである。ともすれば節度を失いかねない自分に鞭を打ち、愚かな自分を少しでも高めるように努力するのは、自分が自分との友好関係をむすんで生きるということである。しかし、生活のリズムが崩れるにまかせ、落ちていく自分を放置すれば、その自分が自分にとっての敵となって刃向かってくるのだ。

　第7章は、聖バガヴァットが自らの正体について語る興味深い章である。「地、水、火、風、虚空、意（思考器官）、思惟機能、自我意識。以上、私の本性（物質的原理）は八種に分かれている。／これは低次のものである。だが私にはそれとは別の、生命（霊我）である高次の本性（精神的原理）があることを知れ。それにより世界は維持されている」（70頁）。聖バガヴァットは、自分の存在を以下のように多様な言い方で示す。水における味、月と太陽における光、すべてのヴェーダにおける聖音（オーム）、空における音、人間における雄々しさ、地における芳香、火における光輝、万物における生命、苦行者における熱力、万物の永遠の種子、力ある者の、欲望と愛執を離れた力、生類における、美徳（義務）に反しない欲望などである（71頁参照）。要するに、聖バガヴァットは全世界の源泉だということである。

　それが意味するのは、先に言及した悪でさえも聖バガヴァットにその起源をもつということである。「純質的、激質的、暗質的な状態は、まさに私から生ずると知れ。しかし私はそれらの中にはなく、それらが私の中にある。／これら三種の要素からなる状態により、この全世界は迷わされ、これらよりも高く、不変である私を理解しない」（71頁）。これらの三要素はわれわれを身体的に束縛するものである。その詳細は、第14章で説かれている。純質は、「幸福との結合と知識との結合によって束縛する」（114頁）。「激質は激情を本性とし、渇愛と執着を生ずるものであると知れ。それは行為との結合によって主体（個我）を束縛する」（同頁）。「暗質は無知から生じ、一切の主体を迷わすものであると知れ。それは怠慢、怠惰、睡眠によって束縛する」（同頁）。聖バガヴァットは、人間はだれもがこうした三要素によって身体的に束縛された存在であり、悪行に傾くのは不可避であると説く。キリスト教では、人間は神の命令に違反したがゆえに罪人となったが、『ギーター』では、人間は善にも悪にも傾く両義的な存在として創造されている。

第16章では、聖バガヴァットが悪に染まる人間達の阿修羅的な特徴を数限りなくあげている。いくつか列挙してみよう。偽善、尊大、高慢、怒り、粗暴、無知、自惚れ、頑固、我執、暴力、妬み、残酷、不浄、貪欲などである（122〜125頁参照）。「彼らは満たし難い欲望にふけり、偽善と慢心と酔いに満ち、迷妄のために誤った見解に固執し、不浄の信条を抱いて行動する」（123頁）。現代に生きるわれわれにもそっくりあてはまる特徴である。

しかし、聖バガヴァットは、人間の阿修羅性を詳細に特徴づける一方で、それを追い払うもうひとつの方策（神への全的依存の道）を説いてもいる。それは、神である聖バガヴァットに帰依し、専心することである（第7章参照）。常に神を讃美し、信愛によって神を礼拝し、念想することによって、悪への傾斜に終止符が打たれる。聖バガヴァットはこう語る。「私も意を向け、私を信愛せよ。私を供養し、私を礼拝せよ。このように私に専念し、［私に］専心すれば、あなたはまさに私に至るであろう」（84〜85頁）。

神としての姿を見たいというアルジュナの願いを聞き入れ、聖バガヴァットが自分の姿を見せる第11章は、神の比類ない姿を描いて圧巻である。「あなたは、その肉眼によっては私を見ることができない。あなたに天眼を授けよう。私の神的なヨーガを見よ」（94頁）。天眼を得たアルジュナに神が顕現する。神は、「多くの口と眼を持ち、多くの稀有な外観をとり、多くの神々しい装飾をつけ、多くの神の武器を振り上げ、／神々しい花環と衣服を着け、神々しい香油を塗り、一切の驚異よりなる、あらゆる方角に顔を向けた無限なる神」（94〜95頁）として姿を現すのである。神を前にしたアルジュナは、つぎのように述べる。「『神よ、私はあなたの身体のうちに神々を見る。またあらゆる種類の生類の群を見る。蓮華に座した主である梵天を見る。すべての聖仙や神的な蛇たちを見る。／多くの腕と腹と口と眼を持ち、あらゆる方角に無限の姿を示すあなたを見る。あなたの終りも中間も始めも認めることができない。全世界の主よ。あらゆる姿を持つ者よ』」（95頁）。こうした描写からわかるように、聖バガヴァットは他の宗教の神仏とはまったくことなる姿をしている。そこには、インドの豊穣な世界が反映されている。

第18章は、聖バガヴァットの行為論である。「アルジュナよ、実に、すべての企ては欠陥に覆われているのだ。火が煙に覆われるように」（137頁）。それゆえに、なにをすべきか、なにを捨てるべきかについてよく考えなければならない。すべきことよりもしたいことを好んで行い、必要でないものを捨てることよりもかき集めることに忙しく生きるひとびとへの忠告である。すべきこととしたいことを区別するのは義務の意識の有無である。前者は、しなければならないと考えてする行為であり、後者は欲望に突き動かされ、後先を考える前にしてしまう行為である。行為の発端がなにかによって、結果の様相が決まる。「最初は毒のようで結末は甘露のような幸福」（136頁）もあれば、「最初は甘露のようで結末は毒のような幸福」（同頁）もある。思慮や義務の意識をもたず、欲望を自制しないままに迷走すれば不幸な事態をまねくのである。悲劇的な結末を回避するための忠告はこうだ。「何ものにも執着しない知性を持ち、自己を克服し、願望を離れた人は、放擲により、行為の超越の、最高の成就に達する」（137頁）。成就した者とブラフマン（梵＝万有の根本原理）がひとつになるまでの記述が、本書のクライマックスである。「清浄な知性をそなえ、堅固さにより自己を制御し、音声などの感官の対象を捨て、また愛憎を捨て、／人里離れた場所に住み、節食し、言葉と身体と意を制御し、常に瞑想のヨーガに専念し、離欲を拠り所にし、／我執、暴力、尊大さ、欲望、怒り、所有を捨て、『私のもの』という思いなく、寂静に達した人は、ブラフマンと一体化することができる」（138頁）。自分がそのままでブラフマンにほかならないという「梵我一如」の境地に達するということである。「心によりすべての行為を私のうちに放擲し、私に専念して、知性のヨーガに依存し、常に私に心を向ける者であれ」（138〜139頁）、これが聖バガヴァットの究極のメッセージである。

聖バガヴァットとアルジュナの「稀有の総毛立つ対話」（141頁）は、不信心者をも歓喜させずにはおかない。

上村勝彦の『バガヴァット・ギーターの世界　ヒンドゥー教の救済』（ちくま学芸文庫、2007年）は、懇切丁寧な解説書である。NHKのラジオ番組用に書かれた『古代インドの宗教——ギーターの救済』の大幅な加筆、修正版である。上村は、『マハーバーラタ』（全11巻）の全訳という大業を4巻残して急逝した。

本書は、序章と「おわりに」に挟まれた全22章からなる。「序章　日本に入ったヒンドゥー教の神々」は、日本でなじみの神々—帝釈天（インドラ）、金剛（ヴァジュラ）、閻魔（ヤマ）、弁才天（サラスヴァティー）など—がヒンドゥー教起源であることが紹介されている。神に対抗する悪魔の名前である「阿修羅」（アスラ）や、火中に供物を投じる儀式を表す「護摩」（ホーマ）、ワニを指す「金毘羅」（クンビーラ）などもインドのことばの音写である。

第1章以下では、大叙事詩『マハーバーラタ』と『ギーター』の関係、『ギーター』の主題と人間観、世界観、自己論、行為論、知識論、悪論、幸福論などについて詳しく述べられている。重要な概念である「放擲」、「信愛」についての説明も委細をつくしている。仏教やインド哲学との関連についても言及されており、『ギーター』の理解に欠かせない。

前川輝光による解説「『バガヴァット・ギーター』と仏教」に、上村と『ギーター』の深いつながりが描かれている。インド国営テレビで『ギーター』が94回の連続ドラマとして放映され、最高視聴率92％を稼いだとか、「ギーター検定」の話などもあって、興味深い。

ガンディーの『『ギーター』書簡』（森本達雄訳、森本素世子補訂、第三文明社、2018年）は、獄中から自分の同志たちに送った18通の書簡をまとめたものである。ガンディーは、自分が訳した『ギーター』が難解すぎると苦情を訴えた同志の声に答えて、全18章のダイジェスト版をつくったのである。

第1章の冒頭で、彼は『マハーバーラタ』を歴史書としてよりも、神と人間の内なる悪魔との闘いを記した宗教書として読むべきだと主張し（12頁参照）、こう述べている。「わたしたちは、わたしたちの精神の問題のすべてを『ギーター』によって解決できるのだ。日ごと、このようにして『ギーター』の教えに深く思いをいたす者は、その勉学に新しい歓びを体験し、新しい意味を見出すだろう」（14頁）。「わたしは以下に、アーシュラムの修道者たち諸君の手引きになればと、その教えについてのわたしの日々の瞑想からわたしに明かされた、あるいは明らかな『ギーター』の意味について書き送ることにする」（15頁）。

毎日熱心に『ギーター』を読誦したガンディーは、そのなかに適宜自分の見解を入れながら、『ギーター』の教えの核心を平明に説き明かしているので、どの章を読んでも

『ギーター』の力強いメッセージが伝わってくる。

「あとがきに代えて」のなかに、「ヤングインディア」紙に載ったガンディーのことばが引用されている。「『告白せねばなりませんが、(中略)わたしの人生には、多くの目に見える悲劇がありました。しかしそれらが、わたしに、はっきりとそれと分かる、ぬぐい去れない影響を残していないとすれば、それは、『バガヴァット・ギーター』の教えのおかげなのです』」(181〜182頁)。彼はその理由を、この書がわれわれのこころに生じる愛執や、他者に対する嫌悪や憎悪に打ち克つ術を説いてくれるからだと述べている。

November

11月－2

語りに耳を傾ける

――ボルヘス、アファナシエフ、羽生は語る――

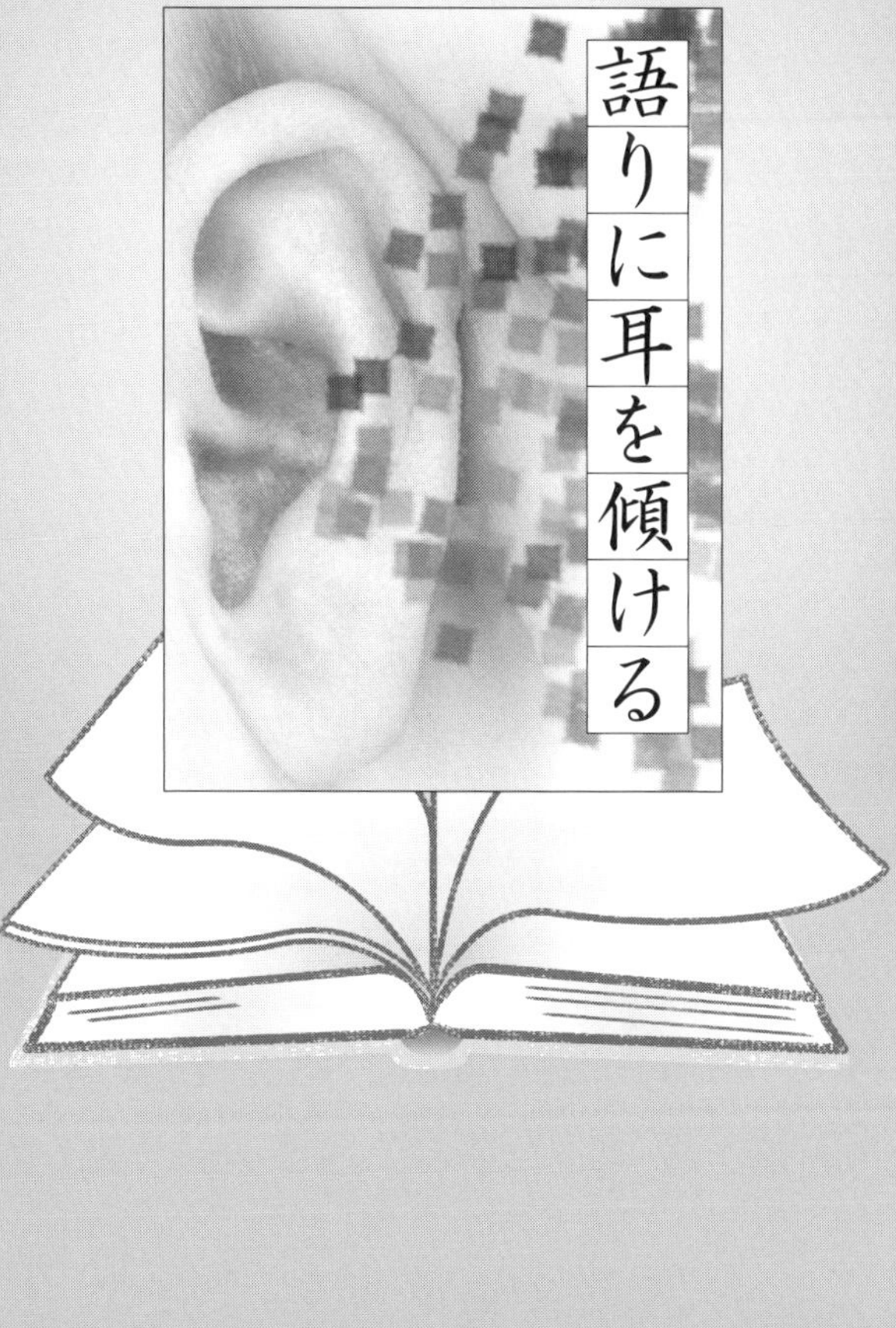

J.

L．ボルヘスの『語るボルヘス――書物・不死性・時間ほか』（木村榮一訳、岩波文庫、2017年）は、1978年にブエノスアイレスのベルグラーノ大学で行なわれた講演をまとめたものである。「書物」「不死性」「エマヌエル・スヴェーデンボリ」「探偵小説」「時間」と題する5つからなっている。

ボルヘス（1899～1986）は、アルゼンチンの詩人、作家である。ブエノスアイレスの裕福な家庭に生まれ、幼少の頃から父親の影響でイギリスの文学に親しんだ。1914年に、家族とともにスペインやスイスに移り住み、1912年に帰国するまでの間、表現主義や超絶主義などの前衛的思潮に触れ、強い印象を受けた。2年後に自費出版した最初の詩集『ブエノスアイレスの熱狂』を皮切りにして、幻想的短編集や評論集、評伝などをつぎからつぎへと出版した。ボルヘスは記憶力の巨人であった。訳者は、解説のなかでつぎのように述べている。「ある伝記作家によると、ボルヘスは読書家を自負している人が一生かけて読む何倍もの本を読破し、百科事典にも目を通して正確に記憶していたとのことである」（132頁）。

「書物」は、書物の変遷をたどる話から始まる。ボルヘスは、自分の考えはすでにシュペングラーが『西洋の没落』のなかで述べているので、その説を自分なりになぞってみたいと控えめに語り始める。古代のひとびとは、現代人のように書物を崇拝してはいなかったという説にまつわる話である。ボルヘスは、「書かれた言葉は残り、口から出た言葉は飛び去る」（12頁）というよく引用される一文を、「書かれた言葉は長く残るが、しょせんそれは死物でしかない」（同頁）と理解する。それに対して、彼は「口から出た言葉」を、プラトンの言葉を借りて、「それは羽のある、神聖なもの」（同頁）だと語っている。ピタゴラスやソクラテス、イエスもブッダも弟子たちに語りかけるのみで、書き物は残さなかった。彼らは、語りの一期一会性を重んじたのであり、耳傾ける弟子たちは、のがれゆくことばを全身全霊で受けとめた。

ボルヘスは、書物よりも語りに重きを置く古代の傾向をひっくり返す契機となったのが、宗教的な書物の登場だと述べる。『聖書』や『コーラン』の記述は、当初から神聖な書物と見なされ、信仰をもつ者の支えとなったのである。

「聖書は聖霊によって書かれたと言われるが、あなたは信じるか」と問われたバーナード・ショーが、「《再読に耐える本はすべて聖霊によって書かれたのだ》」（18頁）と答えたという。ボルヘスは、これを「一冊の本は作者の意図をはるかに超えたものになるということ」（同頁）だと理解している。

ボルヘスは、聖なる書物に対する崇拝の念が薄れ始めるにつれて、どの国も自国を象徴する作家を選出するようになったと述べ、シェイクスピア、ゲーテ、ミゲル・デ・セルバンテス、ホセ・エルナンデスの名前をあげている。ただし、ボルヘスは、自分にとっての象徴的な作家は、サミュエル・ジョンソン（イギリス）、ロペ・デ・ベガ、ペドロ・カルデロン・デ・ラ・バルカまたはフランシスコ・ゴメス・デ・ケベード（スペイン）、ドミンゴ・ファウスティーノ・サルミエント（アルゼンチン）といった、世界的に知られていると は言えない作家たちであると述べている。

講演の後半は、読書論と書物論だ。まずは、モンテーニュの「本は義務として読むもの ではなく、幸せになるために読むものだ」という見方が紹介される（24頁参照）。つぎに、「図書館は魔法の書斎」（25頁）であり、「そこには人類のもっともすぐれた精神が魔法にか けられて閉じ込められている」（同頁）から、書物をひもとけば、目を覚ました彼らと友達 になることができるという、アメリカの詩人エマソンの考え方が引かれる。エマソンによ れば、本の注解や批評などは読まず、彼らの語りかけることばを直接に聞きとることが大切だという（25頁参照）。

このオリジナルのみを重視する考え方に共鳴するボルヘスは、20年間におよぶ大学の英文学講義の経験を振り返って語る。「つねづね学生に向かって、文献はあまりたくさんいらない、批評は読まなくてよろしい、直接実作に当たることが大切だと言い続けてきました。（中略）そのやり方ならつねに作者の声をじかに聞き取り、それを楽しむことができる はずです」（25～26頁）。

ボルヘスがモンテーニュとエマソンの共通点と見なしているのは、「心地よいものだけを読むこと、書物は幸せをもたらすものでなければならない」(26頁)という、読書と幸福をつなげる発想である。

「書物は消滅する」という予言に対して、ボルヘスの答えは否である。彼によれば、新聞は忘れるために、書物は記憶されるために読まれる(27〜28頁参照)。「一冊の書物を手に取り、それをひもとく。その行為のうちには、芸術的行為の可能性が秘められています。(中略)書物はそれを開かない限り書物ではないのです。紙と皮でできた、間にページのはさまれている箱型の直方体でしかありません。ですが、それをひもとくと、奇妙なことが起こります。私の考えでは、書物はひもとくたびに変化するのです」(28頁)。ボルヘスは、「人は二度同じ川に降りていかない」(28頁)というヘラクレイトスのことばを引きつつ、われわれは川と同じように不断に移ろいつつある存在であるがゆえに、最初と2度目の読書は同じ仕方では行なわれないと言う。一回一回が異質な経験となるのだ。そのつどの新鮮な出来事を通じて、書物もひとも変身していくのである。それは、自己を創造する、一種の芸術的な行為となるのだ。

この講演は、読書への勧誘で締めくくられる。「楽しみを見出したい、叡智に出会いたい、そう思って書物をひもといてください」(30頁)。読書は、愚かな人間に、楽しみを提供しながら、同時に賢くなる道も用意してくれるのだ。

ヴァレリー・アファナシエフの『ピアニストは語る』（山崎比呂志、青澤隆明訳、講談社現代新書、2016年）は、東京・目白の蕉雨園で行なわれた対話の記録である。第1部、人生、第2部、音楽の2部構成である。後者は、1　音楽と人生のハーモニー、2　私はベートーヴェン、3　演奏の神秘に分かれている。

アファナシエフ（1947年〜）は、モスクワ出身のピアニストである。モスクワ音楽院でヤコブ・ザークとエミール・ギレリスに師事した。1972年にベルギーのエリザベート王妃国際音楽コンクールで優勝し、その2年後にベルギーへ亡命した。数多くのCDをリリースしているだけでなく、小説や詩、エッセイなども出版している。

第1部の対話は、アファナシエフの生家も、ソ連からの亡命後、最初の6年間を過ごしたブリュッセルの家も解体され、過去が奪われたという話から始まる。この経験から、アファナシエフは、過去にこだわるよりも、未来をめざす生き方の方に傾く。「私はつねに自分自身を新たにし、自分の空間を拡大し、人生の射程をより遠くまで延長しようと努めています」（14頁）。「過去の自分を排除し、別の自分、つまり新たな可能性を迎え入れる。それが私のやり方です」（15頁）。

アファナシエフがピアノの師であるギレリスから学んだもっとも大切なことは、「人生」についてだったという（72頁参照）。ピアニストとして、どう生きるかが問われたのだ。「聴くこと、耳を傾けることに集中しなければならない。逆に言えば、四六時中、鍵盤を触ってはいけない」(73頁)、それが教えの核心にあった。アファナシエフは、こう考える。「常に彼はピアノと共にありました。鍵盤に触っていないときでさえ、何らかの形でピアノを弾いていたのです。彼の言葉、彼の思考、すべてが音楽だった」(同頁)。日常の出来事を音楽とひとつにして生きるピアニストへのオマージュである。第2部で、もう一度、ギレリスの回想が語られる。「彼は音楽だけでなく、人生そのものを聴くようにと教えてくれました。いや、むしろ彼は私に、人生のなかに音楽を聴きとるように教えたのです」(187頁)。

第1部のおわりで、アファナシエフはこう語る。「何ごとも、あるがままに受け入れる。そしてそれを自分に合うように組み替えてゆく、それが人生の正しいプロセスだと思います。あるがままに受け入れ、しかる後にその対象に対して、自分から働きかけるのです」(149頁)。

第2部の「自分自身の音」のなかでは、自分の音をみつけるまでの経験談が興味深い。アファナシエフが音について学んだヤコブ・ザークは、「ピアニッシモは強い音であるべきだ」(216頁)と言い、ある日、アファナシエフの背中に自分の指を押しつけた。それによって、強度がなにかが理解できたという。強度とは、「ピアノとの身体的なコンタクトをもつということです。ピアノは生命組織であり、生きた実体、生物なのです。(中略)ある意味で、ピアノと握手することが必要なのです」(216頁)。アファナシエフは、のちに、ドキュメンタリー映像のなかのミケランジェリが、「鍵盤から手を離すその前に、指先で少しだけ鍵盤を押す」（同頁）のを見て、ピアノとの身体的接触の意味を理解する。アファナシエフは、それが自分でできるようになるまでに何年も要したという。ピアノの音を聴いて確かめていく孤独な訓練が自分の音の発見につながるというデリケートなプロセスが語られている。

音を聴き、音に学ぶ経験をかさねていると、「とても小さな奇蹟のようなこと」（220頁）がおこることもあるという。それは、自分が意図的に行なうことではなく、ひとりでにおきてくることであって、注意深い努力の継続の先に、天啓のようにもたらされるものである。こうした、いわば経験がおのずと組織化される出来事は、ピアニストに特有のものではなく、だれにでもおこりうるのだろう。ただし、われわれがアファナシエフのように、自分の経験を入念に掘りさげることを続けることができればという条件がつくが……

「演奏しているとき、あなたにとってピアノとはどのような存在ですか？」（229頁）という問いかけに対して、アファナシエフは「共犯者、友、幸福――あるいは不運――の道づれです」（同頁）と答えている。彼にとって、ピアノは、自分が共にことを企てる友人であり、喜びや挫折を共有する同伴者である。それだけでなく、ピアノは、演奏者の内面の動きを音によって伝えてくれる仲間でもある。羨ましい共存である。

訳者は、「おわりに」の冒頭で、「沈黙のなか、静寂のなかにすでにある音楽を、ふと聞こえるように示すことが、音楽家の仕事なのだ」(234頁)というアファナシエフのことばを紹介している。コンサートが始まる前の沈黙のなかに、音楽はすでにある。ピアノという友人との対話のなかで練りあげられた音楽の経験は、ピアニストのこころとからだのなかで凝縮している。最初のタッチで、聞こえなかった音が聞こえ始める。演奏の現在に、奏者の過去がむすびついて音楽が出現するのだ。

アファナシエフには、音楽に関する省察の書である『ピアニストのノート』という本も出版されている。こちらと合わせて読むことをすすめたい。

羽生善治『将棋から学んできたこと　これからの道を歩く君へ』(朝日文庫、2017年)は、2002年に行なわれた、「将棋」と題するジュニア向けの講演に加筆したものである。「棋士になるまで」「日本で将棋は面白くなった」「知識から知恵へ」「子どもたちから一問一答」の全4章からなる。将棋ファンでなくとも傾聴に値することが語られている。

第1章は自伝である。将棋の世界でプロをめざすためには、棋士としての「骨格」が決まる10代前半が大事な時期であるという(60頁参照)。この時期に、将来活躍するための特殊な判断力や、証明困難な感覚的な働きがある程度固まってしまうかららしい(同頁参照)。大器晩成とは真逆の世界だ。

羽生は、プロ以外の人間にもあてはまるメッセージを伝えている。勝負の世界での新しい挑戦がそのまま成功につながることはないという話に続けてこう述べている。「ただ、だからといって、いままでまったくやったことのないことや、自分が不得意にしていることをやらないとなると、だんだんと自分の世界が狭くなり、戦法が固まってきてしまいます」（74頁）。自分の殻を破る困難に挑戦しなければ、小さくこり固まって大成しないということだ。当たり前のことかもしれないが、実行しにくいことだ。

第3章のキーワードは、「知恵」である。羽生によれば、憶えることで増える知識とことなり、知恵は定跡を鵜呑みにせず、もう一度自分で考えて身につけていくものである（116頁参照）。困難な局面で、頼りになるのは知識を昇華させて可能になる知恵なのだ（118頁参照）。知恵を深くするのは思考の力である。事柄次第では、小学生の知識が大人に勝ることもあるだろうが、自分で深く考え、判断する力は憶えるだけでは得られない。

羽生がこの講演でもっとも強調しているのが、知恵に結実する「考えることの大切さ」である。「常に時流に敏感であるためにも、考えることや学ぶことは続けていかなくてはいけないなと思っています。（中略）年齢に関係なく、続けていかなければならない、大事にしなければならないと思っています」（128頁）。若者であれ、成人であれ、職業に関係なく、考えることを継続させることこそが欠かせないという自覚が、羽生の将棋人生を支えている。子どもや親の質問に答える第4章の最後で、七冠王になったあとの目標をたずねる小学生に、羽生は、「やはり、長く第一線で活躍するということです」（186頁）と答えている。

安次嶺隆幸は「解説」のなかでこう述べている。「羽生さんの対局姿のビデオを観た子どもたちの眼が変わったのだ。人間が一つのことを必死に考えている姿、ただ盤面を見つめて打ち込む姿に現代っ子がその『静の世界』の凄さにただ唖然とする姿がそこにはあった」(209頁)。じっと考えこむ羽生の真剣な姿勢は、目まぐるしく変わる細切れの画像になれた子どもたちにインパクトを与えている。

この本を読んで、羽生の語りにぜひ耳を傾けてほしい。

December

12月－1

宗教的経験の諸相

――ウィリアム・ジェイムズの探究――

ウィリアム・ジェイムズの『宗教的経験の諸相』上・下巻（益田啓三郎訳、岩波文庫、1969〜1970年）は、エディンバラ大学のギフォード講座での講義（全20回）をまとめたものである。『心理学』や『根本的経験論』などの専門書に比べると、はるかに読みやすい。フランスの哲学者ベルクソンは、彼への手紙のなかで、この本を読んだあと、他のことはなにも考えられないほどに感動したと述べている（下巻、418頁参照）。アメリカの哲学者パースも、ジェイムズを心の洞察にすぐれた、心を描く芸術家と言う表現で賞讃した（421頁参照）。日本では、夏目漱石や西田幾多郎、鈴木大拙なども、ジェイムズの思想への共鳴を折にふれて表明している。本書は、とくに若いひとにすすめたい。そこで考察されている人間存在の不可思議なありように目を開かされ、それがその後の人生に影響を与えつづけるものになると思われるからである。

ウィリアム・ジェイムズ（1842〜1910）は、ニューヨークに生まれた。翌年、弟のヘンリー・ジェイムズ（のちに作家となる）が生まれている。教育熱心な父親の意向で、子供たちはロンドン、ジュネーヴ、パリなどの学校に通った。若きジェイムズは、理系の学問だけでなく、絵画にも関心を示し絵の勉強もしたが、のちに絵の道を断念した。ハーヴァード大学では、生理学、つぎに生理的心理学を教え、最終的に哲学の教師になった。その間に、人生の方向に悩み、鬱病になって苦しんでいる。後年、彼はアメリカを代表する心理学者、哲学者のひとりになった。

『宗教的経験の諸相』の上巻は、宗教と神経学、主題の範囲、見えない者の実在、健全な心の宗教、病める魂、分裂した自己とその統合の過程、回心、回心―結びの10講義からなる。下巻は、聖徳、聖徳の価値、神秘主義、哲学、その他の特徴、結論の10講義からなる。経験には多種多様な側面がある。人間の能動的な働きに支えられる経験もあれば、人間が受動的に甘受する経験もある。ひととひととの間でいやおうなく生ずる経験があれば、共同で自発的に参加する経験もある。「宗教的」という形容詞がつく経験の場合は、人間と人間を超えた存在の関係のありようが問題になる。ジェイムズは、宗教をこう定義している。「宗教とは、個々の人間が孤独の状態にあって、いかなるものであれ神的な存在と考えられるものと自分が関係していることを悟る場合だけに生ずる感情、行為、経験である」（上巻、52頁、涙点は著者による）。この定義が示すように、本書では、個人の宗教的な経験の諸相について語られている。キリスト教神学や教会組織に関する考察は除外されている。本書の特色は、何よりも個人の宗教的な経験の告白を手がかりにして、その諸相を丹念に記述している点にある。その点が、本書を比類ないものにしている。

「第二講　主題の範囲」では、ドイツの修道者、トマス・ア・ケンピス（1380〜1471）の『キリストにならいて』のなかの文章が、「もっとも強度の宗教的経験」（73頁）の一例として引用されている。「『主よ、あなたは何が一番いいかを知っておられます。これなり、あれなりが、あなたのみ心のままにありますように。あなたのお望みのものを、あなたの望まれるだけ、あなたのお望みになります時に、お与えください。あなたがいちばんいいと知られますように、また、もっともあなたの栄光となりますように、私を処置なさってください』」(72頁)。ここに見られるのは、自分の弱さやもろさを知り、自分で自分をどうすることもできないと実感したひとの、自己を超えた存在への全面的な依存の感情である。ジェイムズはこう述べる。「この精神状態にあっては、自己を主張し、自己の立場を貫き通そうとする意志は押しのけられて、すすんでおのが口を閉ざし、おのれを虚無くして神の洪水や竜巻のなかに没しようとする心がまえが、それにとって代わっているのである」(75～76頁)。宗教とは、傲慢な自己主張や、野蛮な欲望の噴出が幅を利かす水平的な世界から、自己が神の賜物であるという自覚がめざめる垂直的な世界のなかで身を低くして生きることである。信仰者は、この生こそが幸福に通じていると信じて疑わない。「絶対的なもの、永遠なるものにおいて感じられるこの種の幸福は、私たちが宗教以外のどこにも発見しないものである」(77頁)。

「第三講　見えない者の実在」の冒頭で、ジェイムズは、宗教生活を「見えない秩序が存在しているという信仰」(84頁)、「私たちの最高善はこの秩序に私たちが調和し順応するにあるという信仰」(同頁)から成立すると述べている。この講義は、目には見えない存在の現前を経験したひとびとの報告が中心である。ある人物が手紙のなかで述べた短い覚書が引用されている。『わたしが話していますと、宇宙全体が、まるで運命が奈落の底からぼんやり姿をあらわすように、わたしの眼の前に立ちはだかりました。わたしは、わたしの内部にもわたしの周囲にも、神の聖霊をそれほどはっきりと感じたことはこれまで一度もありません』」(102頁)。ある教授が収集した手記のなかの文章の一部はこうである。「『神は、わたしにとって、いかなる思想、事物、人物よりも、いっそう実在的である。わたしは神の現前をはっきりと感じている、そして、わたしが、わたしの身体と精神の中に書かれているかのように、神の律法にぴったりと調和して生きていればいるほど、いっそうはっきりとそれを感じる』」(110頁)。同教授が収集した17歳の少年の記述はこうだ。「『自然界の大気のように、神は、わたしをとり巻き給うている。神は、わたし自身の呼吸よりも、わたしの近くにい給う。文字どおり、神のうちに、わたしは生き、動きかつ存在している』」(112頁)。これらの具体的な事例は、感覚的な事実をもっとも重要な論拠のひとつに据える合理主義者からは「たわいもない話」として否定されるだろう。しかし、ジェイムズはこう述べる。「合理主義が説明しうる生活領域は比較的表面的な部分でしかないことを、私たちは認めなければならない」(114頁)。

この講義のおしまいの方で、ジェイムズは、宗教が人間の存在を収縮させ、憂鬱にするような気分と、拡大するような気分の両方を含むと述べ、前者の気分が反映されたものとして、神の偉大と人間の無力を描く『ヨブ記』をあげている(118～119頁参照)。前者は陰鬱な傾向を伴い、後者は陽気な傾向を伴う。

「第六・七講　病める魂」では、健全な心で生きられず、苦しみ、悲観的な方向へと傾斜していく人間の魂に焦点があてられている。青年時代にうつ病のどん底のなかでおのれの魂を凝視続けたジェイムズの経験が生きた感動的な講義である。第四・五講では、「健全な心の宗教」の特徴がこうまとめられている。「この宗教は、宇宙の悪い面をかえりみることのないよう人間に命じて、その悪い面を心にとめたり重んじたりするのを組織的に禁じ、思慮深い打算によって悪い面を無視させ、それどころか、時には、悪い面の存在を頭っから否定させるのである」(195頁)。それに対して、「病める魂」を記述するこの講義は、悪い方向へと傾くひとの意識経験を浮き彫りにしている。「悪の意識という重荷を、それほどすばやく投げ棄てることができず、生まれながらにして悪の存在に悩まされるような運命をもった人々を見ることにしよう」(204頁)。こうしたひとびとは、自分が不正な存在、悪徳、邪悪の存在であるという意識から逃れられずに、苦しむ。善を志向し、自己を率直に肯定することは不可能になり、罪の意識にさいなまれて、身を滅ぼしていくことにもなる。

ジェイムズは、人生の暗黒面についてはこう表現している。「もっとも健全な、そしてもっとも富裕な生活にあってさえも、つねに、病気、危険、災厄などの環がいかに多くさしはさまれていることであろう。昔の詩人が歌っているように、歓楽の泉という泉の底から、思いもかけず、苦いものが、立ちのぼってくる。かすかな嘔吐感、喜びのにわかの消滅、一抹の憂鬱、葬いの鐘を鳴りひびかせるものが」（207頁）。人生においては、なにがおこるか分からない。平凡な日常が自然災害や人間の暴力によって、一瞬にして非日常に変わることは少なくない。一瞬先はまさに闇である。彼はまた、人類の未来に関する当時の悲観的な見解にも言及している。「人類は、越え出る逃げ道のない絶壁にとりかこまれた、凍った湖の上で暮らしている人々に似た状態にある、しかも人々は、氷が少しずつ溶けていることを、氷の最後の層が消えて、人類がことごとく溺死するというあさましい運命を迎える、あの避けようのない日が次第に近づきつつあるのを知っているのである」（215頁）。

人生は苦の連続であり、人類の未来に明るい展望ももちえないと悲観するひともいれば、苦しみから逃れるために自己否定の道をたどるひともいる。ジェイムズは、両親にあてた書置き二通を残して服毒自殺した19歳の女性の言葉を引用している。「生きることは、ある人にはおそらく楽しいのでしょう。でもわたしは、生きることよりもっと楽しいことを選びます。それは死ぬことです。ですから、お父さま、お母さま、永久に、おいとましますす」（223頁）。彼はまた、精神的、肉体的に落ちこみ、悩む患者の手紙の一部を取りあげている。「『おお神よ！　生まれるということは、何という不幸でしょう！　確かに夕方から朝までの命しかない、茸のような運命をもって生まれるのは。（中略）人生には喜びよりも苦しみのほうが多いのです――人生とは墓場まで続く一つの永い苦闘です』」（226頁）。

ジェイムズは、このふたりが悪の感情で息の根を止められ、この世界になにか善いものがあると感じられなくなっていると評している（227頁参照）。彼によれば、ふたりの心は絶望的なままでに自己へと閉ざされ、宗教に向かう傾向は遮断されている。

それに対して、生きる意味を喪失し、絶望にどん底にありながらも、神とのつながりの意識によって立ち直ることのできたトルストイが「宗教的憂鬱」の一例として取りあげられている。死と生という双極に引っ張られるトルストイの葛藤が、その告白から明らかにされている。トルストイは、50歳のころに、どう生きてよいのか分からない「惑いの時期」（231頁）を迎えた。それまで魅力的であったものが、味気ない、しらじらしいもの、死んだものに変わり、その理由も判然としなかった（231～232頁参照）。トルストイは書く。「『自分が何を欲しているのか、私はそれがわからなかった。私は生きるのがこわかった。私は人生に別れたいという気持ちに駆り立てられた。そして、それにもかかわらず、私はなお人生に何かを期待していたのであった』」（233頁）。『その年の間じゅう縄で首をくくろうか、それとも銃で一発やろうか、どうけりをつけたものかと、私はほとんど休みなしに自分にたずねつづけたが、その間でも、私の考えや観察がそのように動揺するのと平行して、たえず私の心は、あるものを慕うもう一つの感情に苦しみつづけていた。それは、神に飢え渇く感情と呼ぶほかに名づけようのないものである。神を熱望するこの感情は、私の思想の動きとはまったく関係のないものであって——事実、それは思想の働きとは正反対のものであった―私の心情から発したものであった』」（236～237頁）。トルストイを救ったのは、神の感情であったという。

ふたつ目の「宗教的憂鬱」は、ある作家の場合である。彼の自叙伝からの引用がなされている。「『自分の心が生まれつき汚れていること、それが私の不幸であり、私の悩みであった。そのために、私の眼には、自分がひき蛙よりもいまわしいものに映った。神の眼にもそう映るだろう、と私は思った。罪と汚れが、水が泉から湧き出るように自然に、私の心から湧き出てくる、と私は言ったりした。できることなら、私はどんな人間とでも自分の心を交換したことであろう。心の邪悪とよごれという点で私に匹敵できるものは悪魔のほかにいない、と私は思った。確かに、自分は神に見放されている、と私は思った。こんな状態を私は、永い間、数年間も、続けた』」（239～240頁）。

ある敬虔な福音伝道者が語る「宗教的憂鬱」を三つ目に引用してみよう。「『私の見る一切のものが、私には重荷のように見えた。大地は、私には呪われているように思えた。すべての樹木、草木、岩、岡、谷は、呪いの重みに押しひしがれて、悲しみと呻きとを纏っているように見えたし、また、私のまわりの一切のものが、私を破滅させようと共謀しているように思われた。私の罪が暴露されたように思えた。そのため、私は、会う人がみな私の罪を知っているにちがいないと思った』」（241頁）。

ジェイムズは、ここにあげた悪の意識や憂鬱経験に根ざす「病的な心の見方」（246頁）からすれば、健全な心は浅薄に見え、後者からすれば、病める魂の見方はめめしく、病的に見えるとしながらも（246頁参照）、こう結論づけている。「悪の事実こそ、人生の意義を解く最善の鍵であり、おそらく、もっとも深い真理に向かって私たちの眼を開いてくれる唯一の開眼者であるかもしれないのである」（247頁）。彼は、悲観的な見解をこう述べてもいる。「私たちの文明は流血の修羅場の上に築かれており、個人個人の生存は孤独な断末魔のなかへ消えてゆく」（247頁）。われわれは人生の途上で、悪に翻弄されたり、憂鬱な経験に巻きこまれたりして生きていかざるをえないのである。鬱状態がこうじて、生きる意味が見失われ、自己否定に行き着く場合もある。「流血の修羅場」では、おぞましいこと、信じがたいこともおこり、ひとびとの不安を掻きたてる。ジェイムズは、宗教が不安からの救済に一定の役割を果たすと考えている。

彼の講義は、上巻から下巻へとさらに続いていく。インパクトの強い具体的事例を読むだけでも刺激され、考え方の幅が広がり、窮屈な先入観は打ち砕かれるだろう。本書を読み終えた後では、自分の心や、まわりの人間の行動を見る目も変ってくるに違いない。

ジェイムズの思想を幅広く知りたいひとには、岸本智典編著、入江哲朗、岩下弘史、大厩諒著『ウィリアム・ジェイムズのことば』（教育評論社、2018年）がおすすめだ。ジェイムズ思想の魅力が「ものごとを可能な限り広いつながりのなかで捉える視座」（6頁）にあると見なす編者は、著者たちとの親密な協力と入念な検討を通じて、読者をジェイムズの思想の世界に招待している。他の思想家との関連や、時代背景なども視野に入れて、広い観点から、しかも丁寧に、分かりやすく書かれているので、ぜひ読んでほしい。

スティーヴン・C・ロウ編著『ウィリアム・ジェイムズ入門　賢く生きる哲学』(本田理恵訳、日本教文社、1998年)もすぐれた案内書だ。ジェイムズの生涯や思想の特徴について簡潔に述べられ、ジェイムズの代表的な文章のいくつかが抜粋されている。

December

12月－2

江戸時代と今

――貝原益軒と佐藤一斎の思想――

貝原益軒の『慎思録』（伊藤友信訳、講談社学術文庫、１９９６年）は、学問や人間の生き方、ひととのつき合い方などに関する自分の考えを、漢文ではなく、和文で書いて、多くのひとに広く伝えようとしたものである。分かりやすく、主張も明快である。『方法序説』を、学者向けのラテン語ではなく、庶民向けにフランス語で書いたデカルトを連想させる。

現代に書かれたものしか読まなくても、現代がどういう時代なのかはある程度まで分かるだろう。しかし、江戸時代に書かれたこの本を読むと、われわれが今どういう時代に生きているのかが透かし彫りにされる。この本は、現代を照射する鏡の役割を果たしているのだ。「江戸？　古い！」などと速断せずに、ぜひ手にとって読んでみてほしい。きっと、はっと気づくことがあるだろう。

貝原益軒（１６３０〜１７１４）は、江戸時代前期の儒学者、博物学者である。号は損件で、晩年に益軒と改めた。貝原は、青年期には朱子学と陽明学を集中的に学び、その後も朱子学の勉強に熱を入れたが、晩年にはその観念的な傾向に疑念を抱き、『大疑録』で批判した。この本は、貝原の没後50余年を経て世に出た。

『慎思録』は、１７１４年、貝原が85歳のときに書かれた。「慎思録自序」の冒頭には、孔子にならって、学ぶことと考えること（思うこと）が学問の要諦であると宣言され（35頁参照）、この主張は、随所で繰り返されている。結びではこう語られる。「この愚作は、やがて後世の学者によって改められるであろう。私はその日をまつばかりである。あえてこれを達識（すぐれた見識）として伝えようと思っているのではない。ただ衰えそこなわれて忘れられていくことに備えようとしたまでである」（36頁）。モンテーニュは『エセー』序文で、「たいしたことは書いていない」と謙遜し、デカルトは『方法序説』で、「間違ったことを書いていれば批判してほしい」と述べた。3人には、試行錯誤を重ねつつ、人間に共通する思索の正しい道筋を求め続けた謙虚さが共通している。

『慎思録』は全6巻で、800以上の項目に分かれている。長いものも、わずか一行という短いものもある。第1巻の「1　人はなぜ学ぶのか」の中間部で、再度先の主張が繰り返される。「人間たるものはかならず学問しなければならない。そして学んだものは道のいかなるものかを心得て、その道を実行しなくてはならないのである」（37頁）。終わりはこう結ばれる。「真に道を識る人はきわめて少ないのである。それゆえに人は、学びかつ思い、判断する工夫を欠いてはならないわけである」（同頁）。「人間の本分は学ぶところにある」という貝原の信念はゆるがない。しかし、ただ学ぶだけでは不十分で、それに考えることが伴わなければならない。何を考えるのか。ひとの道である。ひとの道を考えるとは、ひととしていかに生きるべきかを丁寧に考えることである。けれども、どう生きるかを考えるだけではまだまだである。考えたことを実際に行動において示すことが大切なのである。学ぶこと、考えること、実践することの合一を強調する貝原の考え方は、ひととしての道を生きるという日々の生活のなかで検証して磨かれ、鍛えられていくものである。

学ぶという姿勢は、自分に固有な関心や興味がないと生まれない。学んで考え、考えを深めるためには、なにを考えて生きているのかを組上にのせる必要がある。ひととしてどう生きるかを考えるためには、自分がどんなふうに生きているのかを冷静に顧みなければならない。さらにまた、ひとはひとりでは生きられないので、他のひとどのように共存するかを見つめることも欠かせない。よりよい共存を可能にするためには、「判断する工夫」がいる。自分ひとりのあり方と、他人とともにあるあり方を慎重に考えることが求められるのだ。さらに、考えるだけにとどまらず、考えたことのなかで実現可能なことは実行に移すことも課せられる。

貝原の人間関係論には、簡潔にしてつぼを押さえたものが多い。ひとつだけ、少し長いものを引用してみよう。「人びとと交際するには、みずからの心を平静にして、気持ちをやわらげて慈愛の心をもち、人を恭敬する念を忘れず、怒ることなく、欲を少なくすることが大切である。さらにみずからを反省し、自己の欠点を責め改めて、苦しみに耐え忍び、物ごとを受容する大らかさを保って、日頃から善行を実践することを楽しみにするような交際をすべきであろう」(38頁)。現実の人間関係においては、逆のことが頻繁におこる。相手の言動にすぐ腹をたて、相手を憎んだり、口汚くののしったり、悪口を言いつのる。名誉欲、支配欲、性欲といった多種多様な欲望に身をゆだねる。自分の非は脇において、相手の欠点を容赦なく責める。けち臭い根性で邪悪な振る舞いに及ぶ等々。

スペインの文筆家であり、イエズス会士でもあったバルタサール・グラシアンは、人間を愚者と賢者に分類したが、貝原は、人間を君子と小人に分けている。つぎの文に両者の違いがはっきりと述べられている。「君子と小人とは、その人間において、好むところと嫌うところが常に相反するものである。君子の好むことについては小人はこれを憎み嫌う。君子の嫌悪することを小人は好み、それに沈溺してしまう。思うにそれは、生まれつきの好悪と幼児における習慣によるものから生ずる違いであろう」(108～109頁)。ひとが好んでしていることを見れば、君子と小人の区別が可能になるということだ。君子は、だれもがする簡単なことを遠ざけ、だれもが避けてしまう難儀なことにとり組むことによって、小人を脱することができる。貝原によれば、君子が好むのは正義であり、小人は利益を好む。小人はまた、みだらなものや、卑しいものを好むが、君子は良質で典雅なものを好む(86頁参照)。

貝原の人間観察がさえた文章を引用しよう。「いまの人びとは飲食物や玩具などの嗜好(好み)するものは、日々工夫をこらして精巧をきわめている。だがしかし、日常にふみ行なう道についてはまったく心を用いて反省することがない。だからすべての考え方が粗末で誤り多く道理を理解していない。／今の人びとが善を行わないのは当然であろう。自省すべきことである」（162頁）。グルメ情報があふれ、精巧な電子機器が流通する今日の日本の状況の一面を描写しているかのようでもある。ものとのつき合いに忙殺されていると、倫理や道徳にかかわる問題はひとびとの視野から外れて、悪行が幅をきかせる。善行の道は狭まるばかりだ。

貝原によれば、仁が善行の総称であり、仁とは、「人をいつくしみ愛する道理」（同頁）である。この道理が学問と直結している。「学問する方法は、仁の心を把握することが根本である。まず親に孝行を、兄によく仕えて従順であることから出発し、文を博く学び、礼を慎み守って精励し、君子（人格者）たることを目標とするものである」（同頁）。憎しみを発端とする親族間の暴力や殺人が横行するいまの日本は、貝原の目にはどう映るだろうか。

『慎思録』は、われわれがこの世界でどのように生きて、なにをするのが最善なのかを考える手がかりを与えてくれる。時代を超えたアドヴァイスの数々も含まれている。読んでみれば、間違いなく生きるうえでの指針が得られるだろう。

佐藤一斎の『言志四録（一）言志録』（川上正光全訳注、講談社学術文庫、1978年）、『言志四録（二）言志後録』（1979年）、『言志四録（三）言志晩録』（1980年）、『言志四録（四）

言志耋録』（1981年）は、漢文による語録である。言志録は42歳から約11年間にわたって書かれた。言志後録は57歳から約10年間、言志晩録は67歳から約12年間にわたって書か、言志耋録は80歳の時に起稿された。

佐藤一斎（1772〜1859）は、江戸末期の儒学者である。美濃岩村藩の家老職の家に生まれた。藩主の3男でのちの林述斎（林羅山から8代目の大学頭）と儒学を学んだ。1805年に林家の塾長になって門下生の教育にあたった。述斎没後の41年に昌平坂学問所の先生となり、講義を行なった。

一斎の門下生は数千人を数えるというが、著名人としては、佐久間象山、横井小楠、渡辺崋山などがいる。象山の門下生は、勝海舟、坂本竜馬、吉田松陰、小林虎三郎などである。松陰の門下からは、久坂玄瑞、高杉晋作、木戸孝允、伊藤博文などの幕末の志士が輩出した。西郷隆盛は、「言志四録」のなかから百一条を抄録して、座右の銘とした。

『言志四録』の話題は、佐藤の人間観、人生観、政治観、精神論、君子論、道徳論、読書論、人間関係論、教育論、健康論、武道論など多岐にわたる。キーワードのひとつは、書名にも現われている「志」である。「言志録」から語録32を引用してみよう。「（聖賢たらんと）志を立て、これを求めれば、たとえ、薪を運び、水を運んでも、そこに学問の道はあって、真理を自得することができるものだ。まして、書物を読み、物事の道理を窮めようと専念するからには、目的を達せないはずはない。／しかし、志が立っていなければ、一日中本を読んでいても、それはむだ事に過ぎない」(58頁)。佐藤によれば、志を立てて学ぶことが学問の道の鉄則であり、立志とは、明確な目標に向かってこころを奮い立たせ、すべきことに積極的に取り組んでいくことである。志が立たないと、生きる方向が定まらず、しなくてもすませられること、する必要のないことにかかずり合うことになりかねない。

佐藤が繰り返して力説する「志」は、学問上の要であると同時に、生活上の中心原理でもある。鋭敏な志気によって生活を導くことが佐藤の願望である。彼がみずからに求める端正な行い、品位、広い見識、深い学問などは、生活の核心部を構成する志気がなければ獲得されないだろう。佐藤は、ストイックな姿勢を貫いて生きることによって、自己の理想を飽くことなく追求している。

「言志後録」の語録33は、佐藤の対人関係論をみごとに集約している。「春風を以て人に接し、秋霜を以て自ら粛む」(51頁)である。訳文には、「春風のなごやかさをもって人に応接し、秋霜のするどさをもって自らを規正する」(52頁)とある。他人には厳しく、自分には甘いひとにには頂門の一針である。人に春の風のように優しく接し、自分には秋の霜のように冷厳な態度で接するのは容易ではない。自分が愚かで、間違いを繰り返す存在であることを自覚し、批判はまっさきに自分に向けるべきものであることを肝に銘じていれば、ひとに寛大な態度をとることができるかもしれない。しかし、自分の非を認めず、他人の荒さがしに忙しければ、ひとはいつも攻撃の対象になる。訳者は、「付記」のなかで、山本玄峰禅師のことばを紹介している。「『人には親切、自分には辛切、法には深切であれ』」（52頁）。貝原の見方にも通じている。

「言志晩録」の語録60は、もっとも知られている。「少にして学べば、則ち壮にして為すこと有り。／壮にして学べば、則ち老いて衰えず。／老いて学べば、則ち死して朽ちず」（80頁）である。ひとの生涯は、過去に何をしたかで現在が決まり、現在何をするかで未来が決まる。いつの時節も懸命に学ぶことを続けていきたいという佐藤の覚悟がうかがえる言い回しだ。

「言志晩録」の語録204は、「苦労」をすすめている。「薬の中で甘味が苦味のなかから出て来るものに多く効能がある。同様に、人もまた艱難辛苦を経験すると、考えが自然に細かなことにゆき届き、よく物事を成就する。これとよく似ている」（232～233頁）。万事平坦な人生はありえない。だれもが壁にぶつかって悩み苦しんだり、困難なことに遭遇して生きていかねばならない。その苦労がひとの思考を深め、成長させるきっかけとなる。「艱難辛苦」を受け止めて生きぬこうというのが佐藤のアドヴァイスである。佐藤は、「言志耋録」の語録31でも、苦しみ、思慮分別に悩んでこそ本当の智慧が現われるのであり、暖かい着物を着て、安らかに生活していると思慮の力が薄れると述べている（41頁参照）。

佐藤が折にふれて書きためた『言志四録』は、どのページを開いても、自分や他人や社会の動きを考える上でのヒントにあふれている。困った時の道しるべになる。（一）から（四）のどれでもよいので、暇を見つけて目を通してほしい。きっと江戸時代が身近に感じられてくるだろう。

垣内景子の『朱子学入門』（ミネルヴァ書房、２０１５年）は、「今さら、朱子学？」といぶかるひと向けの、よく練りあげられた入門書である。本書は大学の一般教養科目の講義を下敷きにしているため、大変分かりやすい。帯には、「朱子学を知ることは、私たちの過去・現在・未来を見つめ直すことだ」とある。著者は、朱子学を「何やらお堅い封建道徳のイメージ」（ⅰ頁）と重ねて過去の学問と見なすひとに異議を唱え、朱子学は今日のわれわれの考え方や感じ方を暗黙のうちに規定していると考える。朱子学は過去の遺物どころか、われわれを拘束しているというのだ。それゆえに、自由にものを考えるためには、朱子学の正体を知ることが大切だと著者は言う。「おわりに」では、こう締めくくられている。「日本という世界の辺境で、いま改めて朱子学について問うてみることは、自分たちのこれまでを見つめ直し、これからの世界において日本人がどう生きていくかを考えることなのである」（206頁）。

本書は、第2章「気のせいって何のせい？——朱子学の世界観」、第4章「たかが心、されど心——朱子学の優先課題」、第7章「ああ言えば、こう言う——朱熹と朱子学」、第8

章「心の外には何もない―朱子学と陽明学、第9章「朱子学を学ぶと人柄が悪くなる？―日本の朱子学」などの章立てである。学生の関心を少しでも惹きつけようという工夫と戦略が見える。

本書は入門書でありながら、儒教と朱子学の歴史的なむすびつきや、朱熹の朱子学の根本問題を簡潔に論じ、朱子学と陽明学の比較検討を行い、朱子学の影響を受けた日本人の思想問題にも言及する、射程の広い好著である。

January

1月－1

心身論の現在
――こころ・からだ・いのちを見つめる――

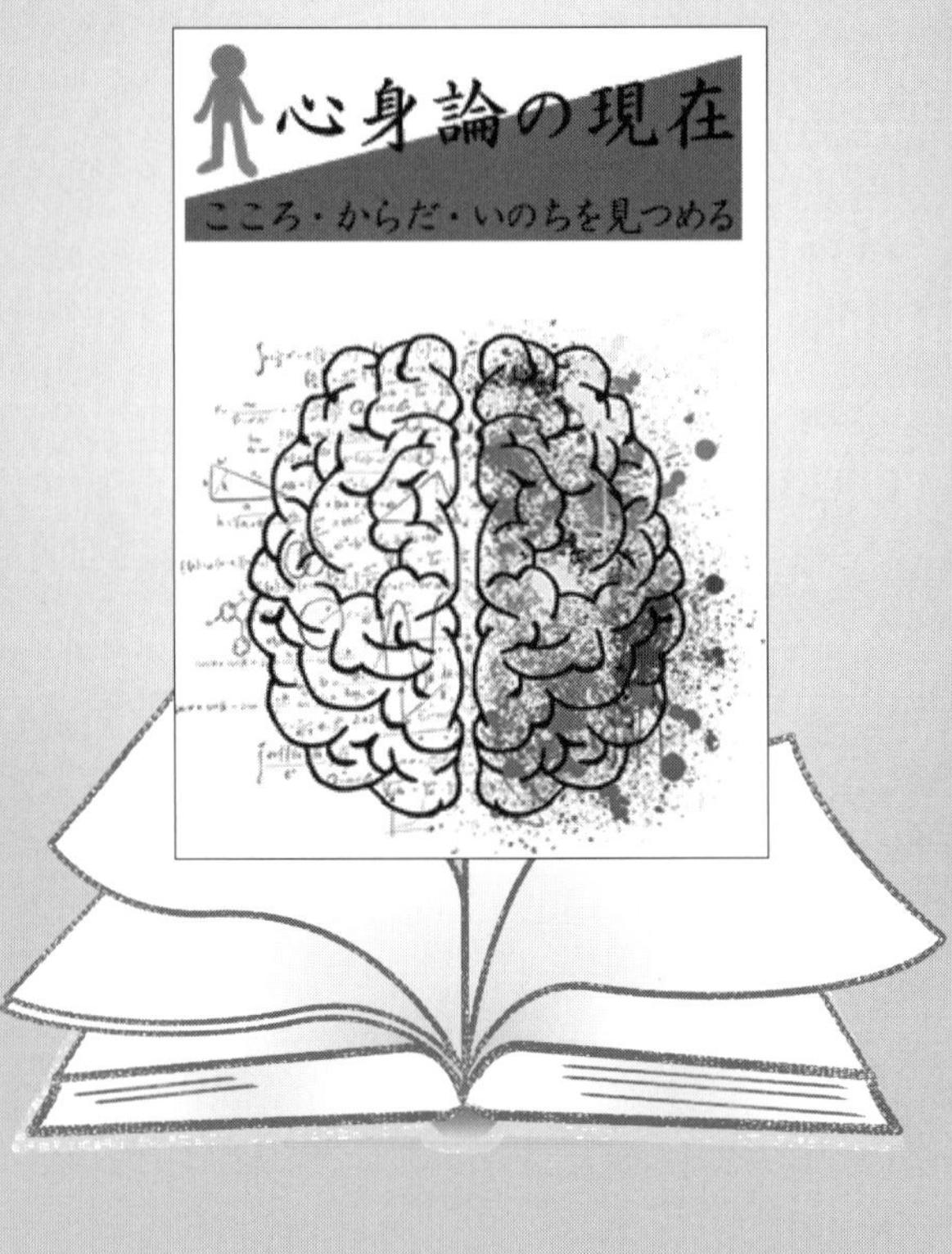

ロバート・C・フルフォード＆ジーン・ストーンの『いのちの輝き　フルフォード博士が語る自然治癒力』（上野圭一訳、翔泳社、2018年〔初版第29刷〕）は、伝説の治療家と言われた著者がはじめて語ったこころ・からだ・いのち論である。原題は、*Dr. Fulford's Touch of Life The Healing Power of the Natural Force* である。帯には、吉本ばななが寄せた、「私はこの本を何回読み返しただろう？　何人にすすめただろう？」という一文がおかれている。

この本の構成は以下の通りである。プロローグ、オステオパシーとはなにか、宇宙のしくみと人体、健康が問い直される時代、オステオパシーによる健康、自己管理の秘訣、健やかな生、穏やかな死、霊性を高める、エクササイズ、もっと知りたい人のために（1章から9章）。

「プロローグ」で、著者はこう述べる。「仕事をつうじて拾いあげてきた教訓の第一は、からだのシステムとこころのシステムはひとつに結ばれているということだ。治療がうまくいって治療室をでていくとき、患者はからだが楽になっているだけでなく、こころも軽くなっているということだ。からだとこころは確実にひとつのものであり、どちらかがよくなれば、もうひとつのほうが自然に楽になっている」（14頁）。こころとからだを分離する二元論をきっぱりと断ち切る立場が表明されている。こころとからだは相互に働きかけあいながら、ひとつのシステムとして機能しているということだ。「人間のからだは解剖学の教科書が教えているものよりもずっと複雑なものだ。だれもが知っている器官系のしくみや生理作用のほかに、まだよく知られていない事実がある。それは、からだが活発に動くエネルギーの、入り組んだ複雑な流れによってもできているということだ」(15〜16頁)。ここで言われるエネルギーは、東洋医学で言う「気」のことであろう。病気は「エネルギーの流れ」の悪化によって生じるから、その流れをよくするように手助けをすれば、こころもたましいもよくなると著者は信じている。

ところが、その信念を共有する医師はすくないと著者は言う。患者の症状を一方的におさえつけることをめざす現代の医学では、科学的な対象にならないものは無視され、体内のエネルギーの流れをはじめ、「徳性、愛、たましい、霊性」(17頁)なども一顧だにされない。それゆえに、科学的知識を捨てることなく、「人間を霊性・精神性・身体性からなる、ひとつの全体としてとらえること」(17頁)が急務だと著者は考えている。

第1章は、オステオパシーについての解説である。オステオパシーとは、「からだに本来そなわっているはずの自然治癒力を最優先する治療法」(19頁)を研究していたある医師が始めた医療である。この医師は、どんな病気も筋骨格系の異常による循環系と神経系のアンバランスに起因すると考え、それを元に戻すための「手技」を編み出した。彼は、その手技に、「オステオ(骨)」と「パソス(病む)」というギリシア語を合成して「オステオパシー」と名づけた（20頁参照）。それは、骨、筋肉、腱、関節、組織を含む「筋骨格系」を指先で慎重にほぐし、歪みを治していく技術である。この手技によって脳脊髄液の循環がうながされ、呼吸運動も活発化し、血流も勢いを増して、消化吸収の度合いも高まるという。

著者が入学したカンザスシティ・オステオパシー大学では、手指の感覚を鋭くするための教育に力点が置かれていた。たとえば、何枚もの毛布でくるんだ人骨を指で触って、その種類や特徴を言い当てる訓練がおこなわれた。類似の訓練はこう記述される。「紙のうえに人間の髪の毛を一本置き、そこに別の紙を重ねる。紙に目印をつけることは許されない。そして、うえの紙にそっと指一本でふれ、髪の毛がどこにあるかを感じとる。正しくいいあてられれば、つぎの指でふれる。両手の指すべてで正解をだすと、教授はもう一枚の紙を重ねる。それでも正解がでると、また一枚と、それ以上だれもいいあてられなくなるまで何枚も紙を重ねていくのである」（26頁）。こうした訓練を通じて、患者のからだの骨格のゆがみを治し、生命エネルギーの流れをよくすることができる。

第2章は、エール大学の神経解剖学の先生によって初めて立証された「生命場」に関する研究を扱っている。彼は、「人体が電磁エネルギーに浸透され、とりかこまれている」（34頁）ことを明らかにした。生物は周波数の高い電磁場という特徴をもち、この生命の場は「肉体を組織化する場」である（35頁参照）。生命体は、電磁波のパターンに促されるようにして活動するというのである。この考え方に共鳴する著者はこう述べる。「人体にくまなく浸透し、それを包みこんでいる生命場は電磁気エネルギーでできている。そして、そのエネルギーが体内にあるとき、わたしはそれを『生命力』と呼ぶ」（40頁）。生きるとは、この種のエネルギーの流れに支えられて生きるということである。著者は、体内の生命エネルギーが、体内にとどまらず、体外の宇宙エネルギーとも共振していると見なす。「あらゆる生き物は、宇宙に偏在している電気的な生命力の流れとともに脈動している」（46頁）。

怪我や骨折などによってこの流れが妨げられた患者に施されるのが手技である。手首を傷め痛みが続く女性を触診し、肩から手にかけてひっかかるような感じをおぼえた著者は、「ちょっとした手技を加え、生命力のブロックをとりのぞいて、手首にまで流れるようにした」（48頁）。結果は良好だったという。この章のおしまいに、オステオパシーの目標がまとめてある。「エネルギーの自由な流れは決定的に重要なものである。したがって、流れを阻害するものをとり除くことがわたしの仕事の中心になる。わたしの介入によって患者の健康が回復したとすれば、それは患者のからだにエネルギーが自由に流れるようになったからにほかならない」（62頁）。

第4章は、オステオパシー療法の具体例が豊富な章である。出生時トラウマや心理的なトラウマによって生命力がブロックされ、健康が損なわれた患者に対する触診は、過去数十年基本的に変っていないという。「足の裏からあたまのてっぺんまで手でふれて、すべての関節の動きをしらべ、関節の表面の緊張をさぐっていく。生命力の流れが悪いところを特定しようとするのである」（94頁）。関節だけでなく、頭蓋骨や脳の両半球の動きなども指先で確かめていくという。患者は治療後に、「なんともいえない感じのものがからだを流れているのがわかる」（99頁）と告げるそうだ。ブロックされていた生命力復活のあかしだ。

第5章でもっとも興味深いのは、太陽神経叢（腹腔神経叢）についての話だ。それは、「体幹の中央、心臓のしたから胃の裏がわにかけて大きくひろがる神経細胞の集まり」（159頁）であり、そこから腹腔の臓器すべてに向かって神経が放射状にのびて、臓器を支配している（同頁参照）。著者によれば、太陽神経叢は腹にあるもうひとつの脳であり、怒り、喜び、悲しみ、憎しみなどの感情の中枢でもある。発生的には、「あたまの脳」（160頁）に先行して「腹の脳」（同頁）が発達しており、後者は大人のこころの働きとも深くむすびついていると考えられる。ヨガでは、古来、太陽神経叢は「チャクラ（サンスクリット語で輪という意味）」という名称で呼ばれ、重要視されてきた。

第8章には、生命力を高めるための八つのエクササイズが紹介されている。からだのおもな部分をストレッチし、血液循環と生命力の流れをよくする運動である。

本書は、からだを「個々の部分の寄せ集め」（69頁）と見なし、「ひとつの全体」（同頁）

として見ようとはしない現代の西洋医学を批判する。また、時間をかけた触診や問診よりも、投薬を前面に出す医者とは一線を画している。病院や患者と医者の関係を考えてみるうえで参考になる本である。

エムラン・メイヤーの『腸と脳　体内の会話はいかにあなたの気分や選択や健康を左右するか』（高橋洋訳、紀伊國屋書店、2018年）は、フルフォードと同じ観点からこころやからだ、いのちをみつめる一書である。最新の研究成果を踏まえた画期的な本である。原題は、*The Mind-Gut Connection How the Hidden Conversation within Our Bodies Impacts Our Mood, Our Choices, and Our Overall Health* である。メイヤーはドイツ出身の胃腸病学者であり、現在はカリフォルニア大学ロサンゼルス校で教えている。

本書の構成を紹介しておこう。第1部　身体というスーパーコンピューター　リアルな心身の結びつき、心と腸のコミュニケーション、脳に話しかける腸、微生物の言語（第1章〜第4章）、第2部　直感と内臓感覚　不健康な記憶、情動の新たな理解、直感的な判断（第5章〜第7章）、第3部　脳腸相関の健康のために、食の役割、猛威を振るうアメリカ的日常食、健康を取り戻すために（第8章〜第10章）。なお、訳者は「あとがき」のなかで、gut（腸、胃腸、消化管、消化器系、内臓全体）、microbes（微生物）、emotion（情動）、feeling（感情）、gut sensation（内臓刺激）、gut feeling（内臓感覚）などの訳語例を出して、そのように訳した理由を適切に述べているので、先に目を通してほしい。

本書の狙いを端的に示す文章をまず引用する。「本書で私は、腸と腸内に宿る兆単位の微生物、そして脳とが、いかに密に連絡を取り合っているかについて、革新的な見方を提示する。とりわけこの三者の結びつきが、脳や腸の健康維持に果たす役割に焦点を絞る。さらには、この体内の会話が遮断された場合、脳や腸の健康にもたらされる悪影響について論じ、脳と腸の連絡を再確立して最適化することによって、健康を取り戻す方法を紹介する」(11頁)。著者によれば、現代の医学は、「人体というマシンの各パーツを動かしているメカニズムの詳細を解明すること」(12頁)に力点をおいてきた。医師たちは、パーツの故障を治すあたらしい薬剤の開発を製薬会社に求める一方で、科学者との合同研究を通じて、最先端の外科的手術を実現してきた。著者は、ニクソン大統領が1971年に「米国がん法」に署名したときに、西洋医学は新次元に突入し、がんは国家の敵に、人体は戦場になったと述べ、その後の状況をこう表現している。「この戦場では、医師は、毒性を帯びた化学物質、命取りになりかねない放射線、そして外科手術を駆使しながら総力を結集してがん細胞を攻撃する、などというように、焦土作戦を展開して身体から疾病を取り除く。薬物療法でも類似の戦略が採用され、さまざまな細菌を殺す、もしくは無力化することのできる薬効範囲の広い抗生物質をばら撒きながら感染症と戦い、病原菌を殲滅する」(12頁)。パーツの攻撃に忙しく、「脳の機能不全」(13頁)には関心が払われなかったのである。今では、「菌を殺す」、「がんをたたく」といった言い回しはあまり抵抗なく受け入れられている。

著者は、こうした「機械的で軍隊的な疾病モデル」(13頁)から訣別し、「脳腸相関」の観点を重視する。彼は言う。「最近の研究によれば、腸は、そこに宿る微生物との密接な相互作用を通して、基本的な情動、痛覚感受性、社会的な振る舞いに影響を及ぼし、意思決定さえ導く。(中略)『内臓感覚に基づく判断』といういい古された表現の正しさは、神経生物学的にも裏づけられる。つまり、私たちが自分の人生を左右する判断を下す際には、腸と脳の複雑なコミュニケーションが関与するのである」(17頁)。「腸は、他のいかなる組織も凌駕し、脳にさえ匹敵する能力を持つ。専門用語では腸管神経系(ENS)と呼ばれる独自の神経系を備え、『第二の脳』と呼ばれることもある」(18頁)。近年の研究から、腸と脳は、神経やホルモン、炎症性分子などからなる双方向の伝達経路を解して密に結合していることが明らかになっているのだ(19頁参照)。

脳と腸の相関性に注目する研究は、腸内に生息する細菌、古細菌、菌類、ウイルス(合わせてマイクロバイオータと呼ばれる)に関するデータの爆発的蓄積によって可能になった。それを可能にしたのが、2007年にアメリカ国立保険研究所の主導で立ち上げられたヒトマイクロバイオーム(マイクロバイオータとそれがもつ総体的な遺伝子)計画である。2016年には、バラク・オバマ大統領によって、微生物研究を促すための「マイクロバイオーム・イニシアティブ」が発表された（22頁参照）。

ヒトマイクロバイオームに関する科学的な研究が過去10年の間にもたらした貢献は、16世紀の科学革命や、19世紀のダーウィンの進化論に匹敵するものだという。その研究によれば、人間はヒトの構成要素と微生物の構成要素からなる超固体であり、両者は不可分で、相互に依存する（26頁参照）。以下に引用する指摘は、きわめて示唆的である。「微生物の構成要素は、土壌、大気、海洋に生息する他のあらゆる微生物と、さらにはほぼあらゆる動物と共生している種々の微生物と、生物学的コミュニケーションシステムを介して緊密に連携しているため、私たちは地球の生命のネットワークに、緊密に、不可避的に結びつけられている。ヒトと微生物から構成される超固体という新たな概念が、地球上における私たちの役割と、健康や疾病が持つ諸側面の理解に大きな意義を有することは、あえて指摘するまでもない」（26頁）。人間観の根本的な転換が求められている。

最新の微生物研究を通じて、「腸と腸内微生物と脳が、共通の生物言語を用いて対話していること」（28頁）が明らかにされつつある。そこで著者は問いかける。「これらの目に見えない生物が、どうやって私たちに話しかけるのだろうか？　どうすれば彼らの声を聞き取れるのか？　そもそも、なぜ私たちとコミュニケーションを図れるのか？」（同頁）。これらの疑問を解き明かすために本書は書かれている。

興味深い問題が次から次へと語られる。導入的な第1章では、「脳―腸―マイクロバイオータ」相関のバランスが崩れるとどうなるのか、細菌はどのような役割を果たしているのか、食事のときに、なにが起きているのか、健康であるとはどういうことなのかといった問題が提起されている。この章のおしまいのアドバイスが効いている。「今や私たちは、心、身体、体内の生態系を保全するエンジニアに、自分自身がならなければならない。そのためには、腸と脳がいかにコミュニケーションを取っているのかを、さらには腸内微生物がそこにどう関与しているのかを理解する必要がある」（34〜35頁）。

著者は、アメリカでひっぱりだこという。みんなが話を聞きたがっているのだ。この本にはそのエッセンスが詰まっている。ぜひ読んで、未知の世界に踏み込んでほしい。

January

1月－2

戦争の記憶
――過去の再現と現在の刻印――

作家のカズオ・イシグロは、5歳半で離れた長崎での記憶をとどめたいという衝動にかられて最初の小説を書いたという。彼は、なにをどのように記憶し、どう語るかに関心をもち続けてきた作家のひとりである。リチャード・フラナガンも同じタイプの作家である。彼の筆になる『奥のほそ道』（渡辺佐智江訳、白水社、2018年）は、父親の捕虜の記憶を手がかりにして、戦争当事者たちの経験を想像的に仮構した長編小説である。原題は、*The Narrow Road to the Deep North* である。タイトルはもちろん松尾芭蕉の『奥の細道』を念頭においたものである。

リチャード・フラナガン（1961〜）は、タスマニア州ロングフォードで、アイルランド系の家庭に生まれた。16歳で高校を中退したが、その後復学して、タスマニア大学、オックスフォード大学修士課程で歴史を学んだ。帰国後は、いくつもの職を経たあと、作家に転向した。3作目の『グールド魚類画帖　十二の魚をめぐる小説』で国際的に高い評価を受けた。

彼は政治や環境問題について積極的に発言している。アボリジニが置かれている状況を問題にし、タスマニアの原生林伐採にも抗議文を発表し、伐採を擁護する政府と対決している。

本書は、戦争文学の最高傑作と激賞され、2014年度のブッカー賞を受賞した。ロンドンでの受賞スピーチの冒頭で、彼はこう述べたという。「『私には文学的なバックグラウンドはない、生まれ育ったのは世界の果ての島にある小さな鉱山町で、祖父母は読み書きができなかった』」（452頁）。自国での総理大臣賞受賞式のスピーチでは、「『読み書きができる、そのことが人生を変える力になる。読み書きができなかった私の祖父母と今夜ここに立っている私とのちがいは、教育によって読み書きの能力を得られたことにある』」（同頁）と語り、賞金の4万豪ドルを先住民の子供に識字教育をおこなっている団体に寄付した（同頁参照）。

タイトルの「奥のほそ道」は、泰緬連接鉄道を暗示している。この鉄道は、日本軍がタイ（泰）側の起点（ノンプラドック）とビルマ（緬甸）側の起点（タンビュザヤ）を結んで建設した、単線の軍用鉄道である。1942年の7月着工、翌年の10月に開通した。小説ではこう書かれる。「一九四三年十月二十五日、蒸気機関車C５６３１が日本人高官とタイ人高官を乗せた車両三両を牽引し、走行する初の列車として完成した〈死の鉄路〉の全線を走るとき、それは果てしなく続く人骨の臥所を通り過ぎ、そこにはオーストラリア人の三人に一人の遺骨があるだろう」（32頁）。ジャングルを伐開し、山岳地帯の岩盤を削り、軌道を敷き、架橋するという難工事の連続であった。二度の雨季と、マラリヤやコレラなどの悪疫が流行るなかでの昼夜兼行の突貫工事でもあった。

この過酷な工事に、約6万人の連合国軍捕虜と、25万とも35万とも言われる、アジア各国から徴用された労働者が動員された。訳者は、工事の状況の一端をこうしるしている。「日本軍は捕虜の取り扱いに関する国際条約を遵守せず、捕虜は粗末な小屋で寝起きし、食糧も医薬品もほとんど与えられず、雨に打たれ泥にまみれ、ときに体刑による私的制裁を加えられ、重労働と飢餓と病に苦しみながら、多くが惨死した。捕虜の死者数は約一万三千人とされ、アジア人労務者の死者は推定数万人と、現在に至っても定かではない」(449頁)。

リチャード・フラナガンの父親は、1942年の2月にジャワで日本軍の捕虜となり、鉄道建設のための強制労働を課せられた。冒頭の献辞にある「捕虜番号サンビャクサンジュウゴ」は、フラナガンの父を指す。生還した父から断片的な話を聞くなかで、彼は小説の構想を練る。訳者の解説によれば、フラナガンは、書き始めたものの、なぜ書こうとするのかわからず、父親の存命中に書き終えなければ決して書き終わることはないが、今後書きつづけるためにはこの作品を書き上げねばならない、という錯綜した思いにとらわれ続けたという(449頁参照)。書き上げた五つのヴァージョンをすべて廃棄し、最終的な作品に仕上げるまでに12年を要している。

『奥のほそ道』は、約千人のオーストラリア軍とともに捕虜となり、鉄道建設に従事させられた軍医ドリゴ・エヴァンスの愛と戦争の生涯を軸に展開する。しかし、それにとどまらず、捕虜を虐待し、斬首する日本の軍人達、麻酔も使わずに兵士を生体解剖する医師と、それに立ち会う研修生、コレラやマラリアにかかり、汚泥と糞便にまみれて死んでいく多くの兵士、終戦後、戦争犯罪者として絞首刑になる朝鮮人軍属、戦後をしぶとく生き延びる元日本兵などの物語でもある。フラナガンは、それぞれの人物になりきって、多種多様な感情の揺れ動きや思考、行動を描き出している。舞台は、戦前のタスマニア、メルボルン、アデレード、戦中のシンガポール、タイ、戦後のタスマニア、東京、神戸などと目まぐるしく変る。各章のタイトルには、フラナガンの人間と世界観を映す以下の俳句が選ばれている。牡丹蘂ふかく分出る蜂の名残哉（芭蕉）、女から先へかすむぞ汐干がた（一茶）、露の世の露の中にてけんくわ哉（一茶）、露の世は露の世ながらさりながら（一茶）、世の中は地獄の上の花見かな（一茶）。

本書の特に印象深い箇所を2箇所だけ引用してみる。日本軍によって執拗に殴打される捕虜を傍らにして、ドリゴ・エヴァンスはこう考える。「その世界では、人は恐怖から逃れられず、暴力が延々と続き、それが偉大なる唯一の真理としてある。（中略）まるで、暴力を伝え広め、暴力の支配を永遠に存続させるためだけに人間が存在しているかのようだった。世界は変わることなく、この暴力は常に存在し絶えることがないゆえ、男たちはこの世の終わりまで、ほかの男たちのブーツとこぶしと恐怖の下で死んでいくだろう。人間の歴史は、悉く暴力の歴史だったのだ」（301頁）。

ひとは暴力という地獄に生きて、死んでいく。鉄路も同じ滅びの運命をたどった。「線路は、すべての線路がいつかは壊されるように壊された。すべてが水泡に帰し、なにひとつ残らなかった。人々は意味と希望を求めたが、過去の記録は泥にまみれた混沌の物語だけだ。／涯もなく埋もれたその巨大な残骸、荒涼として彼方へと広がる密林。帝国の夢と死者の跡には、丈高い草が茂るばかりだった」（309頁）。芭蕉の俳句に親しむ者には、「夏草や兵どもが夢の跡」の一句が連想される場面だ。

作家のカフカは、頭がぶん殴られるような本をこそ読むべきだと述べたが、『奥のほそ道』はまさにその類の本である。この本がもたらす強い衝撃は、こころの襞に深い傷を残す。この本を読む前と後では、ひとが変ってしまう。人を見る目も、歴史に向かうまなざしも違ってしまうのだ。

泰緬連接鉄道は、インド方面での戦争に勝利するための物資運搬鉄道として建設され、1943年の秋に完成した。インドでは、1944年に日本軍がイギリス軍の拠点であるインパール攻略作戦を敢行し、日本側には3万人を超える死者が出た。「訳者あとがき」には、本書に関連する映像や書物があげてある。インパール作戦については、NHKスペシャル取材班による『戦慄の記録　インパール』（岩波書店、2018年）でその詳細を読むことができる。

安東量子の『海を撃つ　福島・広島・ベラルーシにて』（みすず書房、2019年）は、われわれにそっと差し出された、静かな戦いの記録である。帯には、「福島第一原発事故後の平坦な戦場」とある。本書は、放射能に汚染された生活環境のなかで、線量を記録し続けながら、専門家や政治家の発言を注視しつつ、現に起きていることがなんであり、この先どうなるかを見つめ続けるひとりの女性の内省の記録である。

「1　あの日」は、3・11以後の日々の回想録である。植木店を営む夫と福島県いわき市の山間部に移り住んでいた著者の生活は、震災と原発事故によって一変する。彼女は一時的に避難したあと、放射性物質のあらたな放出がなければ、地元で暮らしていけると判断して、1週間後には自宅に戻った。放射線に関する情報が錯綜し、ひとびとの混乱状態が続くなかで、彼女はこう考える。「立入禁止とされた地の生活が失われようとしていることを、誰ひとり悲しまないのだろうか。暮らしていた人びとが故郷を追われ、ふたたびそれを取り戻すことは困難を極めるに違いないのに、そのことを誰も見向きもしないのか。わずかに悲しいとさえ思わないのだろうか。（中略）私は悲しむ人になろうと思った。誰も悲しまないのならば、最後まで悲しむ人間になろう」（23～24頁）。

いわき市の風景の美しい場所をたずねたときの思いはこうしるされている。「なにも変わっていない。なにも変わらないのに線量計は反応し、私は親しんできた花に、木に、土に触れることをためらう。なぜ私は恐れるのか。変わったのは私なのか。景色は変わらない。私も変わっていないはずだ。ではいったのはいったいなんなのか。いったい誰が、なにを変えてしまったのか。なにも変わらないのに。私は泣いていたのかもしれない。それもよく覚えていない。ただひとつはっきりと思った。底が抜けた、と」(38〜39頁)。

「2　広島、福島、チェルノブイリ」では、学生時代に見たドキュメンタリー番組を想起して書かれた、自分と同様に底が抜けてしまったひとりの女性への共感の文章が胸にひびく。チェルノブイリ事故のさい、この女性の夫の消防士はなにも知らされず、通常の装備で消火活動に従事したため、高線量の放射線を浴びた肉体は2週間ともたなかった。妊娠していた妻は、病院側の制止を振りきって最後まで夫に付き添った。お腹の子は死産だった。その後、妻は再婚し、一児をもうけたが、離婚し、病気と不安定な生活のため、肉親の世話になる。著者の記憶する映像では、この女性は、「『私、どうすればよかったんだろう。どうすればいいいんだろう』と呟きながら、歩いていた。その歩く様子は、あてどもなくさまよっているように見えた。行き先もわからず、宙空で力なく足掻いているようだ」(73頁)。著者はこう述べる。「すべてが正常にまわっているはずの現実の中で、彼女だけがまるで違う場所にいる。彼女自身が、どこにいるのかがわからないでいる。それは、絶望しているというのとは違う、失意の底にいるのとも違う、悲しみに暮れているのともまた違う。彼女の中で重要な蝶番が外れてしまったまま、それをどうすればいいのかわからず、途方に暮れている。途方に暮れていることさえわからず、そのことにまた途方に暮れ、幾重にも重なった困惑のなかで、そのまま消えてしまうのではないかとさえ思えた」

(74頁)。著者も、この女性も、底が抜けてしまって、途方に暮れている。

しかし、著者は、途方に暮れたまままさまよい人になってはいけないと自戒する。故郷を失ったひとがさまようことのないようにしなければならない。彼女はひとつの覚悟をもつ。「失われたものが取り戻せないならば、せめて拠りどころを。それさえあれば、少なくともさまよい人にはならなくて済む。きっとささやかで構わないのだ。震災後に私が一番したかったのは、端的に言えばこれだけのことだった。そしてそれをすることによって、自分の拠りどころを作っていたのかもしれない」(78頁)。

「3　ジャック・ロシャール、あるいは、国際放射線防護委員会（ICRP）」には、著者が拠りどころを作っていく道筋が描かれている。この委員会が3月22日付で出した声明のなかの、「我々の思いは彼らと共にある」という一文に、著者は涙が止まらなくなるほどの感動を覚える。世間の関心が「ただ事故を起こした原発の状況と政府や東電の対応」(80頁)に向かうなかで、地元で普通に暮らしているひとのことはなおざりにされていると感じていたからだ。

著者は、いくつもの講演会や、映画の自主上映会などに参加するが、専門家の意見同士の食い違い、地元のひとびととのかみ合わない発言の数々に失望する。「このまま放っておくと私たちの暮らしが壊れてしまう」(88頁)と危機感を覚えた著者は、身近なひと達に呼びかけて、自主的な勉強会を開く。招いた先生と自分の暮らしに不安を懐いている参加者との質疑応答に全体的な「もやもや感」を感じた彼女は、自分のブログで感想文を公開し、多くの反響を得たが、現実を変えるためにはそれでは不十分と判断して、そのために動き出す。そのための最初のステップが、ＩＣＲＰの勧告文の抄訳を読むことだった。彼女は主要なメッセージをこう要約する。「**人びとの望みを知り、当局と専門家は放射線量の低下を目指しながら、それを支える手段を共に考え、実施せよ**」（99頁）。彼女は、文章の背後に、「過去の原子力災害の被災地に暮らしている人びとの姿」（102頁）を見てとり、「そこに暮らす人びとへのあたたかい眼差し」（同頁）を感じる。

この文章が誰によって、どのような経緯を経て書かれたのかをさぐる過程で、彼女は、ＥＵの専門家のグループによってベラルーシでおこなわれたＥＴＨＯＳプロジェクトの存在を知る。このプロジェクトは、そこで暮らすひとびとに寄り添う仕方でなされた。その参加者のひとりジャック・ロシャールとの関わりが生まれて、彼女の行動は国際的な広がりをもつようになる。こうして、「元の暮らしに戻りたい、元の環境を取り戻したい」（128頁）という願い秘めた運動が展開していく。その後、彼女は、ノルウェーやベラルーシを訪ね、現地のひとびととの交流の機会を得ている。

「6　語られたこと、語られなかったこと」には、オーストラリア放射線防護学会の招きでアデレードを訪れたときの経験についての報告がある。１９５０〜１９６０年代に、イギリス軍は、広大で不毛な空き地に過ぎないと見なしたオーストラリアの大砂漠で核実験を繰り返した。その結果、この豊かな砂漠で暮らしてきたアボリジニのひとびとは追放され、さまよい人になった。「彼らは、自分たちに起きた悲劇のなんたるかを知らなかった。なぜそれが起きたのかも、なぜ自分たちがこのような目にあうのかも、自分たちに降りかかった出来事をもたらしたものの正体がなんなのかも知らなかった。知らないうちに得体の知れない巨大なものに巻き込まれ、なすすべもなく晒されてしまったのだ」（241～242頁）。砂漠の先住民族であるアボリジニのひとびとは、「『あなたたちは運が悪かった』」（242頁）の一言で片づけられたのである。

おしまいで、彼女は自分の信念をこう表現する。「私たちは、唯一語り得ると信じる放射線の健康影響について、たどたどしく語り続けるのを止めないだろう。（中略）この出来事はどこからやってきて、私たちになにをもたらしたのか。もたらそうとしているのか。私たちはなにを失ったのか。本当の影響はなんだったのか。この先長い時間をかけて、私たちは語り得る共通の言葉を探していかなくてはならない」（245頁）。起きたこと、現に起きていることは、ことばにしないかぎり忘れ去られてしまう。著者は、ことばによって生きる道を探り続ける。

「7　その町、その村、その人」で、楢葉町に向かうバスのなかで、6周年の追悼記念式典の中継を見たあと、復興が進み、その波に乗れないひとびとはいないかのようにして、忘れさられていく状況に抗して、ことばが刻まれる。「それならば、私は忘れまい。

今日見た景色を、聞いた話を、忘却の向こう側へ押しやられようとしていることたちを、あなたが忘れるのなら、消し去ってしまおうとするなら、私は、記憶に、記録にとどめよう」（226７頁）。フラナガンは、「読み書きができる、そのことが人生を変える力になる」と語った。安東にとっては、得体の知れない巨大な出来事の細部を記憶にとどめ、文字として記録にとどめることが、生きる力になる。

February

2月－1

海辺の思索

——アン・モロウ・リンドバーグの声——

アン・モロウ・リンドバーグの『海からの贈物』（吉田健一訳、新潮文庫〈78刷〉、2018年）は、休暇中に滞在した離島での思索や海辺の印象などをつづったものである。彼女は、ニュー・ヨークでの、妻として、5人の子どもの母として、文筆家としての忙しい生活を離れて、浜辺の宿にしばらく滞在した。そこでの多忙と閑暇、孤独と共存、生活の技法、女性の生き方などをめぐる思索は、いまも読みつがれている。

アン・モロウ・リンドバーグ（1906〜2001）は、大西洋単独横断飛行に初めて成功したチャールズ・リンドバーグの妻である。アメリカのニュージャージー州出身。1929年にリンドバーグと結婚し、その後、自分でも飛行機を操縦するようになり、夫とともに飛行したときの記録や日記、書簡集なども発表している。

本書は、序、浜辺、ほら貝、つめた貝、日の出貝、牡蠣、たこぶね、幾つかの貝、浜辺を振返って、あとがきからなっている。彼女の人生観や文明批判、海辺での生活報告、光景描写が混在した本書は、われわれに対して生き方や考え方の助言を与えてくれる。

「序」はこう始まる。「ここに書いたのは、私自身の生活のあり方、またその私自身の生活や、仕事や、付き合いの釣り合いの取り方に就いて考えてみるために始めたものである」（7頁）。当初、彼女は自分が他人とは違う経験をしているために、自分の考えを述べても他人には伝わらないと考えていたが、書き進めていく過程で、男女を問わず、自分と同じ問題意識を共有する人が少なくないと気づく。「もっと豊かな休止がある律動を、またもっと自分たちの個人的な要求に適った生き方を、そしてまた、他人、及び自分自身に対してもっと新しい、有意義な関係に立つことを望んでいる点では、私と変わらないものが少なくなかった」(8〜9頁)。彼女は、「序」をさっそうと、こう締めくくる。「私はここに、私と同じ線に沿ってものを考えている人たちに対する感謝と友情を添えて、海から受取ったものを海に返す」(9頁)。

「ほら貝」のテーマは、「忙しさと暇」である。彼女の診断によれば、アメリカでの煩雑な生活は「私たちを統一にではなくて分裂に導き、恩寵を授ける代りに私たちの魂を死なせる」(25頁)。仕事や家事、子どもの世話、近所づきあいに追われ、あわただしく過ぎる日々のなかでは、自分自身であることがむずかしくなり、自分の中心が失われていく。日常のせかせかとしたリズムに巻きこまれて、こころが干からびてしまうのだ。詩人の茨木のり子も、「感受性くらい」という詩のなかで、水やりを怠ると魂は枯れてしまうと歌った。それでは、魂をみずみずしく保つためにはどうしたらいいのか。

「つめた貝」がその問いに答える。魂を新鮮に保つための秘訣は、たとえわずかであれ、日々、孤独な時間を生きることである。彼女の言う孤独は、ひとに嫌われてひとりぼっちで淋しいとか、仲間はずれにされて孤立した状態にあることとは違う(39頁参照)。孤独とは、積極的にひとりであることを選ぶことによって生まれる状態を意味する。孤独は、絶え間ない音楽やおしゃべりの騒音を遮断して、自分の魂のなかから聞こえてくる音楽に耳を傾けることである。それができるようになるためには、ひとりでいることを学ばなければならない（40頁参照）。自分がひとりでいる時間のなかで、自分と接触できなければ、他人に触れることもできない（同頁参照）。「自分自身の心臓部と繋がっている時にだけ、我々は他人とも繋がりがあるのだということが、私には漸く解ってきた。そして私にとっては、その心臓部、或いは内的な泉を再び見付けるのには一人になるのが一番いい」（42～43頁）。ローマの哲人マルクス・アウレーリウスは、『自省録』（神谷美恵子訳、岩波文庫）の第7巻の59でこうしるした。「自分の内を見よ。内にこそ善の泉があり、この泉は君がたえず掘り下げさえすれば、たえず湧き出るであろう」（134頁）。外へ出て行くことをいったん中断して、自分のもとにとどまり、自分のなかへと下降していくことによって、内的な泉を発見できるという考え方だ。

彼女は、孤独についてこう述べる。「我々が一人でいる時というのは、我々の一生のうちで極めて重要な役割を果たすものなのである。或る種の力は、我々が一人でいる時だけにしか湧いて来ないものであって、芸術家は創造するために、文筆家は考えを練るために、音楽家は作曲するために、そして聖者は祈るために一人にならなければならない。しかし女にとっては、自分というものの本質を再び見出すために一人になる必要があるので、その時に見出した自分というものが、女のいろいろな複雑な人間的な関係の、なくてはならない中心になるのである。女は、チャールス・モーガンが言う、『回転している車の軸が不動であるのと同様に、精神と肉体の活動のうちに不動である魂の静寂』を得なければならない」(48～49頁)。自分の軸を自分でつくっておかなければ、多忙な生活に追われる間に、いつのまにか自分の存在がすりきれてしまうのだ。

リルケも「若き詩人への手紙」のなかで、詩人になるために大切な孤独について語っている。一箇所だけ引用してみよう。「必要なものは、孤独、大きな内面的な孤独というものだけです。自らの内部へと入り、何時間も誰にも会わないこと、――これが成し遂げられなければなりません」(『リルケ全集6』(彌生書房、1974年、27頁)。アン・モロウ・リンドバーグは、リルケと同様に、「自分の内部に注意を向ける時間」(55頁)の重要さを強調し、それこそが「一つの革命」(同頁)に値すると述べる。現代という技術的、機械的なものが発達した時代にあっては、自分の外へと向かう遠心的な傾向が強まり、求心的な方向は先細りだからである。

「たこぶね」では、もう一度、孤独の意義が語られる。彼女によれば、孤独は女が成熟するために欠かせない。成熟するために、「女は自分一人で努力しなければならないのであって、他人がいかに熱心にその手伝いをしたがっても、他人の助けを借りる訳にはいかないのである」(94～95頁)。「女は自分で大人にならなければならない。これが、――この一人立ちできるようになるということが、大人になるということの本質なのである」(95

頁)。彼女の言う成熟とは、相手がだれであれ、『人間と人間の、人間としての関係』(93頁)を築けるようになるということである。「女は(中略)、『誰か他のもののために自足した一つの世界』にならなければならないように思われる」(96頁)。お互いに「人間としての関係」を成立させるためには、その関係に先立って、それぞれが自分の世界を充実したものにすることが必要になるのである。したがって、成熟のための努力は、男にも求められる。「男も、女も、この非常に困難な仕事をし遂げなければならないのではないかと私は考える。男も、自分だけで足りる一つの世界になる必要があるのではないだろうか」(96頁)。この種の困難な仕事は、各自の孤独な経験のなかでこそ実現されるものであろう。

孤独な経験のなかで人間的な自立性を養うために必要なことは、彼女によれば、なによりも自分に向き合うという「内省の習慣」(同頁)を身につけることである。仕事以外の場面でひととつき合うことや、芸術・文化への関心を深めることも、同じく自分の世界をつくるために不可欠であると見なされる。

本書の最大の魅力は、これまで述べてきたように、著者の孤独についての省察である。海辺の暮らしぶりについての記述も魅力的だ。1週間後にやってきた妹との暮らしの朝の始まりはこう表現されている。「私たち二人は同じ小さな部屋で、木麻黄の木の枝を吹き抜けるそよ風の音と、浜辺に静かに砕ける波の音で、善良な子供の深い眠りから眼を覚ました。そして滑らかに拡がっていて、前の晩の潮が引いた後に残された濡れた貝殻が方々に光る浜辺まで、跣で駈けて行った。朝、海で一泳ぎすることは、私にとっては洗礼を受けて祝福され、世界が我々に感じさせる美しさと驚きに対して再び眼を開かれるような働きをする。そして私たちは浜辺から駈け戻って、家の裏にある小さなヴェランダで熱いコーヒーを飲んだ。ヴェランダは台所用の椅子二つと、私たちの間に置かれた子供用の卓子だけで一杯の狭さで、私たちは日光に足を伸ばして笑いながら、その日一日の予定を立てた」（99～100頁）。美しい世界との身体的交流のさまが目に浮かんでくる。

一日の終わりはこう結ばれる。「私たちは寝る前に、もう一度星空の下に出て行って、浜辺を歩いた。そして歩き疲れると、砂の上に仰向けに寝そべって空を見上げ、空の広さに私たちも拡がって行くような感じになった。星は私たちの中に流れ込んできて、私たちは星で一杯になった。（中略）そしてしまいに、星と星の間にある広大な空間から、私たちはそこの、私たちがいる浜辺に戻って来た。（中略）私たちは家に着いて、再び善良な子供の眠りに誘い入れられた」（102～103頁）。都会での水平移動に忙しい生活のなかではすることのむずかしい空と大地の経験報告である。

彼女は、この一日のすばらしく充実した経験のなかから、ひととひととの理想的な関係のヒントをさぐりあてる。大切なことは、一方では、おたがいに親密な仕方で交流することであり、他方では、浜辺や星が与えてくれる偉大な印象のなかで人間的なものを忘却することだと気づくのである。ふたつが行き交うのが望ましい。「二人は親密とか、個別的とか、仕事本位とかいうものから抽象的で普遍的なものへ、そしてまたそこから個人的なものへと、自由に往復することができなくてはならないはずである」(107頁)。孤独と共存、人間を超えたものへの自己の解放という三つの次元が重なり合う場面が構想されている。彼女は、こう結論づける。「現在よりももっと成熟した人間と人間の関係、二つの孤独の出会いと言うのは、こういうものなのではないだろうか」(107頁)。

彼女はまた、海辺の光景を見つめつつ、経験の断続性に思いをはせている。われわれの生は持続的であるように見えても、じつは潮の満ち引きのように断続しているというのである。「断続的であること、これを人間が自分のものにすることは非常に難しい。我々の生活が引き潮になっている時に、それをどうすれば生き抜くことができるだろうか。波の谷に入った時はどうすればいいのだろうか」(109〜110頁)。潮の満ち引きの断続性、切り替わりは、外側から観察できるから、その分かれ目を察知できる。ところが、われわれの経験が切り替わる場面は、潮の流れのようには凝視できない。生の途上では、生の局面が後退したり、反転して前進したりするそのつどの位相が見定めがたいのである。それでは、どうすればいいのだろうか。そのヒントは、つぎの文章にある。「ここの浜辺での生活から私が持って帰ることになった一番大事なものは何かと言えば、それは或いは、潮が満ち干きするそのどの段階も、波のどの段階も、そして人間的な関係のどの段階も、意味があるということの思い出かも知れない」(110頁)。生のどの段階にも意味があるのだから、現在の状態をあるがままに受け入れて生きていこうという覚悟が感じられる。有名人であるがゆえの、長男の誘拐、殺害という、常人には推し量りがたい苦難をへた彼女ならではの重いことばである。

「幾つかの貝」は、都会と島での生活の比較論が中心だ。島に来たばかりの彼女は、都会生活の習慣を引きずったまま所有欲にせかされて、浜辺の美しい貝を欲張って集める。しかし、貝が多すぎて、集めれば集めるだけ、狭い部屋はますます狭くなる。その間に、彼女は、美しいものをたくさん集めることと、ひとつの美しいものを本当に味わうことの違いに気づく。空間をもので埋めることよりも、ひとつの美しいもののために広い空間を捧げるようになる。断捨離生活のスタートだ。「一本の木は空を背景にして意味を生じ、音楽でも、一つの音はその前後の沈黙によって生かされる。蝋燭の光は夜に包まれて花を咲かせる」（114頁）。

島の生活では、ものは多すぎず、時間もゆっくり流れる。都会では、友達に会える時間がわずかなため、立て続けに話さなければならない。「この島では、私は友達と黙って一日の最後の薄い緑色をした光が水平線に残っているのや、白い小さな貝殻の渦巻や、星で一杯の夜空に流星が残す黒ずんだ跡を眺めていられる」（116頁）。

本書のクライマックスは、島での生活によって生じた価値転換にかかわる箇所だ。それは、彼女が「島の教訓」（120頁）と呼ぶものであり、人生に対する感覚を鈍らせないための生活指針である（同頁参照）。まとめてみよう。「質素な生活」、「体と知性と精神生活の間の平衡保持」、「無理をせずに仕事をすること」、「意味と美しさに必要な空間の設定」、「一人でいるための、また二人だけでいるための時間をつくること」、「精神的なものや、仕事、人間的な関係からなる人間の生活の断続性を理解し、信用するために、自然との接触を忘れないこと」である（同頁参照）。これらの指針は、コネティカットでの生活を調べるレンズの役割をする「島の眼」（同頁）がもたらしたものだ。「私は島の眼でものを見ることを忘れてはならない。貝殻が私にそれを思い出させてくれて、私の島の眼になってくれるだろうと思う」（同頁）。

「浜辺を振返って」で、彼女は自分の個人主義的な傾向の強い考え方を自己批判すると同時に、時代批判も行なっている。彼女は、質素な生活、内的な自足、人間的な関係の充実を求めることと、世界各地の災厄的な状況への反応との間のみぞを意識しつつ、こう述べる。「我々の心や、頭や、想像力が広い範囲にわたって動かされるのはいいことだと私は思うが、我々の体や、神経や、耐久力や、寿命はそれほどに伸縮自在のものではない。私の一生は、私の心を動かす凡ての人々の要求に行為によって答えるのには短すぎる」（124頁）。

彼女によれば、現代生活のなかで、われわれがもっとも損害をこうむっているのは、「自分が現にいる場所と、現在と、それから個人というものとその他の人間との関係」（126

頁）である。「未来への競争で現在は脇へ押しやられ、自分から離れた場所のことが取上げられて、自分が現にいる場所は無視され、個人は多数によって圧倒されている」（同頁）。「今、ここに、個人と個々人の人間関係に帰れ」、これが彼女のモットーである。海が彼女に教えるのは、忍耐と信念、寛容であり、質素と孤独、断続性である（128頁参照）。『海からの贈物』は、アン・モロウ・リンドバーグからのわれわれへの贈物である。彼女の主張は鮮明である。それにどう反応し、なにを考えていくかが、贈物へのお返しとして求められている。

February

2月－2

エーリッヒ・フロムを読む

――生きるということと愛するということ――

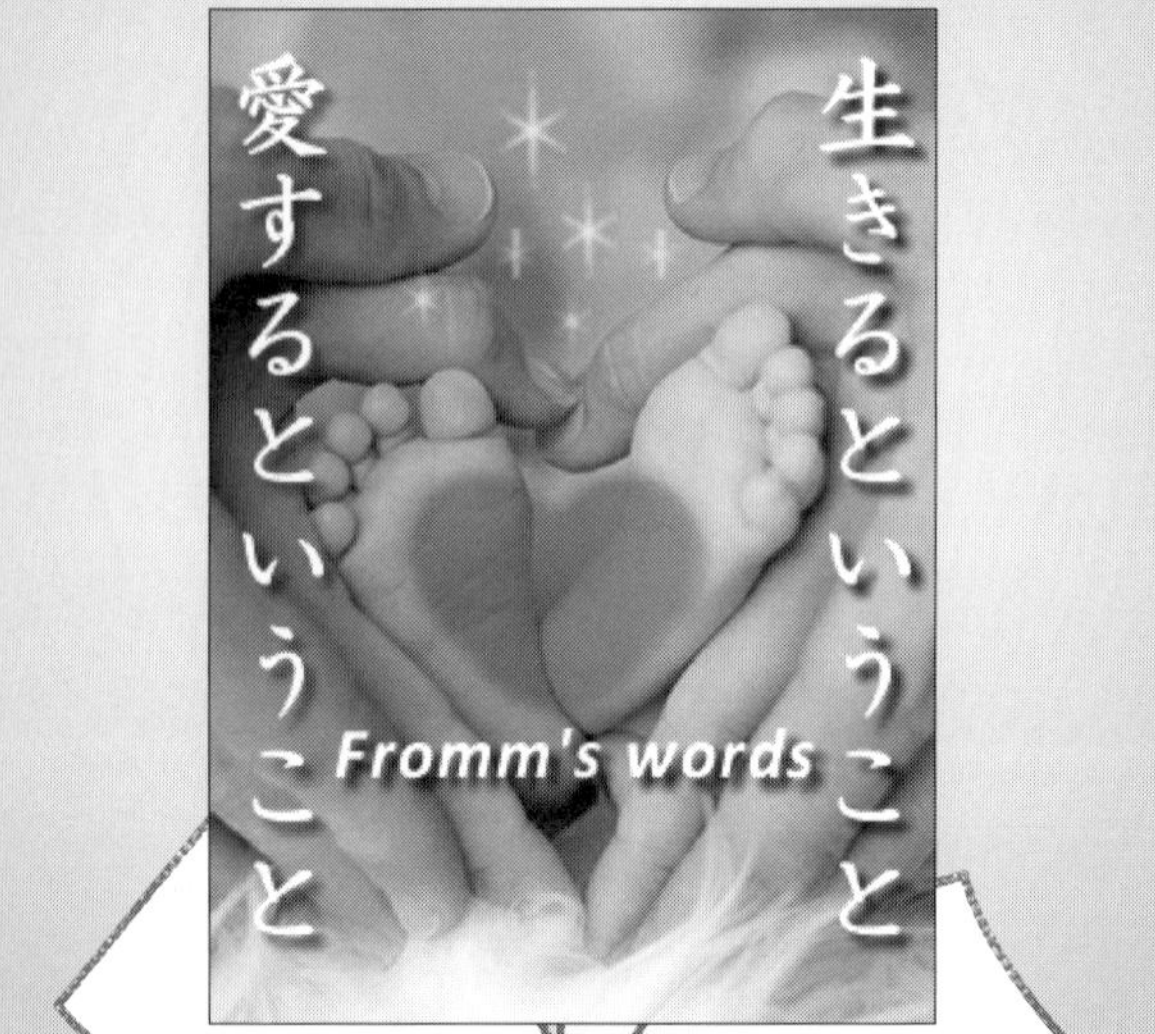

オリンピックとパラリンピックが閉会すると、選手たちは4年後の活躍をめざして練習の日々を再開する。不本意な結果しか出せなかった選手は、納得できる結果を出すために、ひとびとの協力や支援を受けながら創意と工夫を重ねて、実力の強化に励む。つぎも期待される選手は、いま以上の鍛錬を自分に課して、記録更新のための努力を怠らない。

大学の新入生にとっても、4年間が人生における重要な区切りである。卒業後の生活には、それまでの日々の過ごし方が反映する。在学中に、なにを考え、なにをめざし、なにをするかによって、将来どの方向に進み、なにをするかが定まる。

とはいえ、入学したばかりで、4年後の自分の姿を予測できるひと、オリンピック選手やパラリンピック選手のように、明確な目標を設定して生き始めるひとは少ないだろう。最初は高校時代とはまったく異なるカリキュラムや講義形式にとまどいながらも、勉強、クラブ活動、アルバイトなどに忙しい日々を過ごすようになるだろう。だが、大学の4年間に真に必要なのは、忙しく、せかされるようにして生きることではなく、生きるということがどういうことなのかを、立ちどまって、じっくりと考えることだ。その試みを通じて、魅力的な人間として生きていくための資質が養われる。

今回は、高度に産業化した現代社会のなかで人間が生きることにどのような問題が含まれるのかを、幅広い観点から考察した本を2冊紹介しよう。

1冊目は、1976年に出版されたエーリッヒ・フロムの『生きるということ』(佐野哲郎訳、紀伊國屋書店、1977年)である。出版以来、多くの版を重ねている。本書は、「序章　大いなる約束、その挫折、新たなる選択」、「第1篇　持つこととあることとの違いの理解」、「第2篇　二つの存在様式の違いの分析」、「第3篇　新しい人間と新しい社会」からなっている。現状批判と、新しい社会への提言を含んでおり、「いま、この時代にあって、どのように生きたらよいのだろうか」と自問するひとには示唆に富む本である。

フロム(1900~1980)は、ユダヤ系ドイツ人の精神分析学者、社会心理学者である。ドイツのフランクフルトに生まれ、いくつかの大学で心理学と社会学を学んだ。1929年から1932年までフランクフルト社会研究所で研究を続けたが、ナチスの迫害を逃れて1933年に渡米し、帰化したのちコロンビア大学、イェール大学などで教えた。社会や文化の変動を、経済的、イデオロギー的、社会的な観点から分析し、『自由からの逃走』(1941)、『人間における自由』(1947)『正気の社会』(1955)など、多くの著作を残した。

『生きるということ』は、原題は *TO HAVE OR TO BE ?* である。フロムは、人間のあり方の根本的な側面を「もつこと」(所有)と「あること」(存在)としてとらえ、その違いを明らかにしている。冒頭に、カール・マルクスのことばが引用されている。「君があることが少なければ少ないほど、君が君の生命を表現することが少なければ少ないほど—それだけ多く君は持ち、それだけ多く君の生命は疎外される」(傍点著者)。ひとのひとととしての固有なあり方は、ひとがもつことに執着し、もちものを増やせば増やすほど、失われていくということだ。フロムは、マルクスをこう評している。「マルクスはぜいたくが貧乏に劣らず悪であること、そして私たちの目的は多くあることでなければならず、多く持つことであってはならないと教えた」(涙点著者)(34頁)。両者とも、「ある」または「いる」という自動詞的な生のあり方と、「もつ」という他動詞的な生のあり方とを、互いに相克するものと見なしている。

フロムは、「もつこと」と「あること」がどう違うのかを、イギリスの詩人のテニソンの詩と、芭蕉の俳句とを対比させながらわかりやすく説明している。まず、テニソンの詩と、芭蕉の「よく見ればなずな花咲く垣根かな」という俳句の口語訳を引用してみよう。

ひび割れた壁に咲く花よ
私はお前を割れ目から摘み取る
私はお前をこのように、根ごと手に取る
小さな花よ——もしも私に理解できたなら

お前が何であるのか、根ばかりでなく、お前のすべてを――
その時私は神が何か、人間が何かを知るだろう

眼をこらして見ると
なずなの咲いているのが見える
垣根のそばに！（35頁）

フロムがテニソンの詩に見て取るのは、神と人間の本性を知るためのステップとして、目の前の花を手にとって見ようとする「もつ」姿勢である。それは、「いき物をばらばらにして真実を求める西洋の科学者にたとえられるだろう」（36頁）。それに対して、芭蕉の態度は、フロムによれば、花に触れることも、花を摘むこともせず、花を見るために目をこらすことだけである（同頁参照）。それは、外から距離をおいて花を眺めるだけでなく、花と自分を一体化することである（同頁参照）。テニソンは、真理のために花を所有し、芭蕉は花を生かしたまま、花とひとつになって存在しているのだ。

フロムは、こうした所有と存在に関する洞察を西洋の産業社会の分析にむすびつけていく。彼によれば、この社会においては、ひとびとの金銭や名声や権力などに対する過剰なまでの所有欲が渦巻いている（39頁参照）。より多くの物をもちたいという欲望は、際限な

く肥大化する。彼は、西洋の産業社会に顕著に現われている所有への傾向をこうまとめている。「持つ存在様式においては、世界に対する私の関係は所有し占有する関係であって、私が自分自身をも含むすべての人、すべての物を私の財産をとすることを欲するという関係である」(46頁)。こうした所有への渇望は、日本の社会にもきわだっている。

それに対して、存在が優位になるとは、どういう事態を示すのか。フロムによれば、「あること」という様式は、「もつこと」とは対照的であり、「生きてあること」、「世界と真正にむすびついていること」を意味する(46頁参照)。「もつこと」の様式においては、われわれは、自分以外のものを渇望して、視線を絶えず外部に向けて生きるのであり、所有されたものは消費されたり、廃棄されたりする。ときには、他の人間や家族でさえも、もののように扱われたり、処理されたりする。所有は、なんらかのものを目的としてめざす他動詞的な様態であるが、存在は、いま、ここに生きてあるという自動詞的な様態である。われわれは、いまここにいるが、いずれ他の場所に移って、ここにはいなくなる。ここにいなくなっても、どこかにはいる。しかし、いずれはどこにもいなくなる。生きていられなくなって、死に迎えられるのだ。

「生きてあること」は、絶えず変化の途上にあることであり、刻々と成り変わっていくことである。「存在し、愛し、憎み、苦しむ人間の現実から出発すれば、あることはみな同時に、なることであり、変化することである。生きている構造は、なる時にのみありうる。それらは変化する時にのみ存在しうる。変化と成長は生命の過程に内在する特質である」(48頁)。フロムがもっとも強調するのは、「生きてあること」がよりよく変化し、成長することにむすびつくようなありかたを選択することの大切さである。そのためには、「持つこと」への関心とは異なる仕方で、「生きてあること」への関心を深めることが欠かせない。フロムは、後者の問題について考察を深めたキリストやマイスター・エックハルト、マルクス、シュヴァイツァーなどの考え方を検討しながら、人間のあるべき姿を模索している。

フロムはまた、第1篇の第2章「日常経験における持つこととあること」のなかで、生きて成ることがどういう事態なのかを、学生と講義の関係を手がかりにして具体的に述べている。彼によれば、「もつこと」を重んじる学生は、講義で学んだことを固守し、記憶することに忙しいが、「あること」の次元で生きる学生は、受講したあとには、刺激的な内容の講義の場合は、それを聞く前とは違った人間になるのだ(53頁参照)。後者の学生は、生きることと成長することを一体化させているのである。

こうした、「生きてあること」が人間の質的な成長につながる方向は、「もつこと」への過剰な欲望が支配する現在の産業社会では見失われやすい。それゆえにこそ、あらためて「生きてあること」の意味を考えてみなければならない、というのがこの本の眼目である。これから生きていくひとが、どういう態度であり続け、なにをもつ存在になるかを考えて生きるためには、ぜひ熟読してほしい本である。

2冊目は、同じ著者による1956年に出版された『愛するということ』（鈴木晶訳、紀伊國屋書店、1991年）である。この本も、長く読みつがれ、大型書店で平積みされているのを見かける。恋愛マニュアル本とは一線を画し、人間における愛の問題を掘り下げて論じたこの本の力が、多くの読者を魅了しているのだろう。

『愛するということ』の原題は*THE ART OF LOVING*である。「はじめに」、「第1章　愛は技術か」、「第2章　愛の理論」、「第3章　愛と現代西洋社会におけるその崩壊」、「第4章　愛の習練」からなっている。

フロムは、「はじめに」で、この本の根本的な主張をこう述べている。「自分の人格全体を発達させ、それが生産的な方向に向くよう、全力をあげて努力しないかぎり、人を愛そうとしてもかならず失敗する。満足のゆくような愛を得るには、隣人を愛することができなければならないし、真の謙虚さ、勇気、信念、規律をそなえていなければならない。これらの特質がまれにしか見られない社会では、愛する能力を身につけることは容易ではない」（5頁）。愛は、恋愛を特集する雑誌で手軽に知れるようなテクニックの問題ではなく、真摯な態度で身につけなければならない能力の問題だというのである。要するに、ひとを愛せるだけの力量が自分になければ、愛することはむずかしいということだ。たしかに、浅薄で貧しい内面しかもっていないひとが、だれかを深く愛せるとは思えない。そういうひとは、「恋に落ちる」というつかのまの偶然に身をゆだねることはあっても、持続的に愛をはぐくむことはできないだろう。できるとすれば、そのひとが愛することを学ぶことによって、自分の内面を成長させたときだけである。

フロムによれば、「生きることが技術であるのと同じく、愛は技術である」(涙点は著者)(17頁)。愛が技術だということは、愛は音楽や絵画、大工仕事、医学などの技術を学ぶように、学ばなければならないということである。学ぶべきは愛の理論であり、それにもとづく愛の習練が必要であり、そこに向かう関心が強くなければならない。

第2章「愛の理論」では、「愛は何よりも与えることであり、もらうことではない」(涙点著者)(43頁)と愛の能動性を語る箇所が強く印象に残る。愛においては、ひとは他人になにを与えるのか。「自分自身を、自分のいちばん大切なものを、自分の生命を、与えるのだ」(46頁)。この魅力的な表現の意味は、こう説明される。「自分の喜び、興味、理解、知識、ユーモア、悲しみなど、自分のなかに息づいているもののあらゆる表現を与えるのだ」(同頁)。「このように自分の生命を与えることによって、人は他人を豊かにし、自分自身の生命感を高めることによって、他人の生命感を高める。もらうために与えるのではない。与えること自体がこのうえない喜びなのだ。だが、与えることによって、かならず他人のなかに何かが生まれ、その生まれたものは自分にはね返ってくる」(同頁)。愛における行為の相互性が美しく語られている。相手を豊かにするためには、自分のなかに豊かなものが蓄えられていなければならない。相手にも自分の側の豊かさを感受する力量が備わっていなければならない。そういう相手からは、相手の豊かさが自分に返ってくるのであり、この種の豊かさの相互交換を通じて、お互いにより豊かな存在へと成長することが可能になるのだ。

フロムは、愛の能動的要素として、配慮、責任、尊敬、知の四つをあげている。配慮については、特には母親の愛を念頭において、こう述べている。「愛とは、愛する者の生命と成長を積極的に気にかけることである」（涙点著者）（49頁）。責任とは、相手の要求に自発的に対応する用意ができているということを意味する（50頁参照）。尊敬とは、「人間のありのままの姿をみて、存在の人が唯一無二の存在であることを知る能力」（51頁）、「他人がその人らしく成長発展してゆくように気づかうこと」（同頁）を意味する。知とは、相手を表面的に知るのではなく、相手の核心にまで届くような仕方で知ることを意味する。「自分自身にたいする関心を超越して、相手の立場にたってその人を見ることができたときにはじめて、その人を知ることができる」（52頁）。

とはいえ、相手をことばによって知ることには限界がある。だれでもひとには話せない秘密をもっている。フロムによれば、それに迫ることを可能にするのが愛である。「愛とは、能動的に相手のなかへと入ってゆくことであり、その結合によって、相手の秘密を知りたいという欲望が満たされる。融合において、私はあなたを知り、私自身を知り、すべての人間を知る。ただし、ふつうの意味で『知る』わけではない。命あるものを知るための唯一の方法、すなわち結合の体験によって知るのであって、考えて知るわけではないのだ」（54～55頁）。身体的な交流がことばによる相互理解を越えると言いうるかは疑問だが、その種の交流を通じてことばにできない出来事が成就していることは確かであろう。

第4章「愛の習練」は、愛の技術を学ぶための実践論である。フロムは、そのために必要なものとして、「規律、集中、忍耐、技術習得への最高の関心」の四つをあげている（161～164頁参照）。「規律」とは、自分の生活に一定のリズムを刻みながら生きるということである。「集中」にはいくつもの意味が与えられている。第1に、「一人きりでいられるということ」（167頁）である。「一人でいられる能力こそ、愛する能力の前提条件なのだ」（同頁）。第2に、何事に対しても注意深い姿勢を保つことである。第3には、「いまここで、全身で現在を生きること」（170頁）である。フロムは、この種の集中力を身につけるために、自分に対して敏感になること、自分の心に対する感受性を鋭敏なものにすることが必要であると述べる（171～173頁参照）。現に生きてあり続けるなかで、ひとを愛することができる人間になるためには、まずは孤独な自己のありようを洗練させることが大切だということである。愛するとは、ある意味で自己を捨てることだが、捨てるためにはまず確固とした自己をもたねばならないのだ。「それぞれが自分の存在の中心において自分自身を経験するとき、はじめて愛が生まれる」(154頁)。暇つぶしのおしゃべりや、事物との際限のないつきあいのなかへと自分を拡散させるのではなく、自己への集中と自己に耐えることを通じて、「あること(存在)」を「なること(成長)」へとつなげる経験が愛へと結晶するのである。

おしまいに、もう一箇所だけ引用しよう。「思考においても感情においても能動的になり、一日じゅう目と耳を駆使すること、そして、なんでも受け取ってはためこむとか、たんに時間を浪費するといった、内的な怠慢を避けること、これは愛の技術の習練にとって欠かせない条件の一つである。(中略) 人を愛するためには、精神を集中し、意識を覚醒させ、生命力を高めなければならない。そして、そのためには、生活の多くの面でも生産的かつ能動的でなければならない。」(191頁)。

『愛するということ』は、「ひとを愛することができるようになるためにいかに多くの課題を克服していかねばならないか」を情熱的に語る本である。フロムのことばを積極的に受けとめることで、生きていくうえでの豊かな糧が得られるだろう。

古典の森を散策してみよう（3）

――『徒然草』の驚異――

March

3月－1

兼好法師の『新版　徒然草　現代語訳付き』（小川剛生＝訳注、角川ソフィア文庫、2015年）は、『枕草子』と並ぶ古典随筆である。『方丈記』とともに隠者文学の傑作と見なされている。学校の教科書でごく一部を読み、受験のために勉強しただけでこの本とのつき合いが終わってしまうひとも多いかもしれない。しかし、それはもったいない話である。著者は、ときに中国の思想や、仏教とその無常観を語り、ときに自然の美しさ（四季の移ろい）を愛でている。学問・芸術論、男性・女性論、行為論、恋愛論、健康論、お酒の話、有職故実などにも話題は広がっていく。理詰めで書かれておらず、段ごとの一貫性もないので、どこから読んでもよいし、どこで止めてもよい。気にかかる箇所が出てくれば、自分でよく考えなおしてみればよい。こうした試みには、おそらく終わりがない。『徒然草』は、生涯の友とするにふさわしい本なのだ。

兼好法師の生没年は不詳である。1283年から1352年ごろに生きたひとと推測されている。家系や生国を示す確たる証拠もない。30代の初め頃に出家したとされる。その後、京都の修学院、比叡山の横川などで暮らし、双ヶ岡で数年を過ごしたらしい。

和歌を二条為世に学び、門下の四天王のひとりと称された。歌集には、『兼好法師歌集』がある。老荘思想、儒教、神道、仏教、和漢の文学などにも詳しく、『源氏物語』や『枕草子』も愛読していた。

『徒然草』の書かれた時期も推測の域を出ない。1330年頃に大半が執筆され、1332の秋までには成立したと見なされるが、執筆の時期、繰り返し行なわれたと推定される加筆・修正、編集などの時期を確定できる資料は見つかっていない。『徒然草』は、全部で243段からなる。厳粛な場面や滑稽な場面に応じて、その雰囲気を映し出すために、漢文調と和文調が使い分けられている。1、2行の短いものもあれば、長いものもある。いくつか取りあげてみよう。

『徒然草』のよく知られた序段は、こう始まる。「つれづれなるままに、日ぐらし、硯にむかひて、心にうつりゆくよしなしごとを、そこはかとなく書きつくれば、あやしうこそものぐるほしけれ」(14頁)。「つれづれなるままに」とは、なにかに忙しくせかされているのとは逆の状態を意味している。「忙しい、忙しい」と口にするひとは、時間に追われるようにして、こころが先へ先へと急いでいる。それに対して、仕事のことが気にかかることもなく、目の前に話す相手もいないとなると、おのずと自分のこころに注意が向かうようになる。こころは不可思議な世界であり、そこではさまざまな心象が現われては、去っていく。いっときも静止しないのだ。

「心にうつりゆくよしなしごと」とは、こころに映し出されるやいなや、直ちに移っていくものどものことである。これらのものの出現と後退を意のままにあやつることはできない。自分の意志によって、つぎに映し出されるものを決めることはできないし、それが移行して今から過去へと去っていくのを止めることもできない。それらは、おのずと現われ、おのずと去っていくのである。それらは、ひととの出会いや自然の知覚、読書経験、思考や想像などの働きの断片、痕跡であり、そのつどの自分の精神的、肉体的な状態や、気分によってことなる現われ方や消え方をするものである。

「そこはかとなく書きつくれば」とは、そうした、ある意味気まぐれで、どう転ぶかわからないものを、あるがままに追跡して、書きとめていくことである。『徒然草』の話題が、あちこちへ飛ぶのも、このことと無関係ではない。この本の狙いは、予測不能な仕方でつぎつぎと出現するものを追いかけてつかまえ、しるすことにある。序論から結論へという秩序を意識したり、話題ごとに配列を考えたりするといった意図的な操作ははなから除外されているのだ。

「あやしうこそものぐるほしけれ」は、訳しにくい表現だ。ここには、それまで書いた内容と、そのように書きしるす自分の姿勢に対する兼好法師の反省の気持ちが反映している。彼が念頭においている、こころにおいて生ずる変転の記述は、直接に目でものを見る日常の態度を遮断しなければできない。「世間の人は外の世界を見るが、私は自分の内面を見つめるのだ」と述べたフランスのモラリスト、モンテーニュが目ざしたのと同じことだ。それは、ひとが普通は見ようとしないものを見ようとする風変わりな態度であるから、兼好法師はそれを「あやしい」と見なしたのだろう。彼はまた、肉眼の働きを中断して、心眼を活かしながら自分のこころと直面し続けていると、日常から離れてなんとなく変な具合になると内省して、「ものぐるほしけれ」と続けたのではないだろうか。そんなことを考えさせる「序段」である。

第9段は、愛欲論である。「まことに、愛着の道、その根深く、源遠し。六塵の楽欲多しといへども、皆厭離しつべし。その中にただかの惑ひのひとつやめがたきのみぞ、老いたるも若きも、智あるも愚かなるも、かはる所なしと見ゆる」（21頁）。兼好法師によれば、われわれは欲望を刺激するさまざまなものを遠ざけることはできても、愛欲に惑わされずに生きることはできない。愛欲は年齢や人格に関係なく、どんなひとにも染みついているのだ。第8段の冒頭にはこうある。「世の人の心惑はすこと、色欲には如かず。人の心は愚かなるものかな」（20頁）。昔もいまも、「色」への執着がもたらす悲劇や喜劇はつきない。出家した兼好法師は、色欲について思いをこらすことができたが、俗人は愛欲に溺れて高揚感を感じたり、見苦しいまねをしたりして生きていかざるをえないのだ。

第13段は読書のすすめである。「ひとり、燈のもとに文をひろげて、見ぬ世の人を友とするぞこよなう慰むわざなる。／文は文選のあわれなる巻々、白氏文集、老子のことば、南華の篇。この国の博士どもの書けるものも、いにしへのは、あわれなること多かり」

（25頁）。中国であれ、日本であれ、永く読みつがれてきた古典をただひとりで読むことは無上の喜びだという読書礼讃である。古典をひもとけば、いまは亡きひとが自分の考えあぐねていたことをはっきりと述べていることに気づき、故人が親密な友人のように感じられてくる。古典の深い思考に、こちらの浅慮が恥ずかしくなることも度々であり、古典はすぐれた教師の役割も果たす。古典に親しむことは、無類の快楽となるのだ。

第49段には、われわれが銘記すべきことが書かれている。「はからざるに病を受けて、たちまちにこの世を去らんとする時にこそ、初めて過ぎぬる方の誤れることは知らるなれ。誤りといふは他のことにあらず、速かにすべきことを緩くし、緩くすべきことを急ぎて、過ぎにしことの悔しきなり。その時悔ゆとも、かひあらんや」（56頁）。訳者の現代語訳を見てみよう。「不慮病に罹り、突然この世を去ろうとする時になって、初めて過去の行状が間違っていたことを思い知らされるのである。間違いというのはほかでもない。急いですべきことを後回しにし、後回しにしてよいことを急いでしてきた過去が後悔されるという。その時になって後悔しても、詮はなかろう」（301頁）。ローマの政治家にして哲人のセネカも、「生の短さについて」のなかで、「土壇場になって生き始めても遅すぎるだろう」という意味のことを述べた。おそらく、死に臨んで、「これでよかった」と言えるひとはまれだろう。たいていの場合、「こうしておけばよかった」と後悔の念にさいなまれるに違いない。そうなるのは、著者が言うように、急いですべき大切なことを先送りにして、いまする必要のないことばかりをしてきたからだ。いつおとずれるかも知れぬ「終わり」を考えず、この先がいつまでも続くと錯覚すると、生活に緩みが生じて、急いでいましなければならぬことがなされないままに終わってしまう。その代わりに、いましなくてもよいつまらないことにだらだらとかかわることになる。「明日はわからない、いましかない」と考えると、緊張感が生まれ、いますべきことに専念できるようになる。時代と場所を超えた不変のアドヴァイスと言うべきだろう。

第49段とつながるのが第108段である。この箇所も現代語訳を引用してみよう。「仏道に入ろうとする者は、遥か未来までかけて歳月を惜しむべきではない。ただ現在の一刹那が、いたずらに過ぎることを惜しむべきである。もし、誰かがやって来て、お前の命は、明日必ず無くなると告知されたならば、今日一日が暮れるまでの間、何をあてにし、何に励むのか、我々が普通に生きている今日という一日も、そのような状態の一日と何が違っていようか。一日の間に、飲食・大小便・睡眠・会話・歩行など、やむを得ないことで、多くの時間を費やしている。その残りの時間となると、いくらもないのに、無駄なことをし、無益なことを言い、無益なことを考えて時間を過ごすばかりか、一日を費やし、何ヶ月にわたって、遂に一生をいたずらに送るのは、実に愚かなことである」(338頁)。この仏道をめざす者への忠告は、それ以外のひとにもあてはまる。すべてのひとは、死という終着点に向かっているのであり、その死はいつなんどき訪れるか分からないからである。それゆえに、いまできることに精を出す覚悟をもち、それを実行できれば幸いである。

先の読めないなかで、いったいどんな生き方をするのがよいのか。それを示唆するのが、第188段の一部である。「一生の間に、主として望ましいと思う事柄の中で、どれを優先すべきかとよくよく考え比較して、一番大事なことを熟慮し決定した上で、それ以外は断念し、一つのことに精励すべきである。一日の間、一時の間でも、多くの用事が生じてくるなかで、少しでも有益なことに精を出し、それ以外は擲って、重要なことをすみやかに行なうべきである。どれも放棄するまいと心中執着したままでは、一つのことすら成就するはずがない」（388頁）。あれもこれもと欲張って手を出すよりも、自分にもっとも大事なことはなにかを熟慮し、それに集中することが最善なのである。忙しい現代社会において、時間をいかに有効に使うかはちまたに溢れる実用書の主要なテーマのひとつだが、意外なことに、そのルーツは『徒然草』にあったのである。

第117段は、一種の人間関係論である。『論語』に見られる孔子の友人論を受けているようだ。「友とするにわろき者七つあり。一つには高くやんごとなき人、二つには若き人、三つには病なく身つよき人、四つには酒を好む人、五つにはたけく勇める兵、六つには虚言する人、七つには欲ふかき人」（117頁）。高貴なお方や、勇ましい武将、欲の深い人間がつき合いにくいというのは分かる。病人の苦しみが分からない元気者は友としては避けたいし、酒を飲むと豹変するひとや、酒に飲まれて失態を重ねるひとも遠ざけたい、嘘をつくひとも嫌だという兼好法師の心境も理解できる。しかし、若いひとが友としてふさわしくない理由はなんだろう。無礼、無作法な若者に憤慨したからだろうか、話の通じない若い世代に失望したせいだろうか。この段のおしまいで、よき友として、「物くるる友、医師」（118頁）とならんで「智恵ある友」（同頁）があげてあるから、おそらく兼好法師は、知恵の足りた若者は少ないと見ていたのであろう。

当時の世相はこう描写されている。第74段である。「蟻の如くに集まりて、東西に急ぎ、南北に走る人、高きあり、賤しきあり。老いたるあり、若きあり。行く所あり、帰る家あり。夕に寝ねて、朝に起く。いとなむ所何事ぞや。生を貪り、利を求めて、やむ時なし」（80頁）。このあとには、どんなにあくせく働いても、結局、老いて死ぬだけだという皮肉な言い回しがくる。世人のありふれた行動に対する出家人の少し斜にかまえた態度もかいま見える。

『枕草子』を意識して書かれたと思われる自然讃美の文章もすばらしい。春の季節のうつろいを描いた第19段の一部を見てみよう。「『もののあはれは秋こそまされ』と人ごとに言ふめれど、それもさるものにて、今一際心も浮き立つものは、春のけしきにこそあめれ。鳥の声などもことの外に春めきて、のどやかなる日影に、垣根の草萌え出ずるころより、やや春ふかく霞みわたりて、花もやうやうけしきだつほどこそあれ、折しも雨風うちつづきて、心あわただしく散り過ぎぬ、青葉になりゆくまで、よろずにただ心をのみぞ悩ます。花橘は名にこそ負へれ、なほ梅の匂ひにぞ、いにしえのことも立ちかへり恋しう思ひ出でらるる。山吹の清げに、藤のおぼつかなきさましたる、すべて思ひ捨てがたきこと多し」（29〜30頁）。

冬の季節はこう描写されている。「さて冬枯のけしきこそ、秋にはをさをさおとるまじけれ。汀の草に紅葉の散りとどまりて、霜いと白うおける朝、鑓水より煙の立つこそをかしけれ。年の暮れ果てて、人ごとに急ぎあへるころぞ、またなくあわれなる。（中略）／かくて明けゆく空のけしき、昨日に変りたりとは見えねど、ひきかへめずらしき心地ぞする。大路のさま、松立てわたして、はなやかにうれしげなるこそ、またあはれなれ」（31〜32頁）。

自然に恵まれた地域にとどまらず、多くのひとが蟻のように行き交う都会でも、こころにゆとりがあれば、四季の移ろい、草花の生長と衰微、雲や風光の変化などに「もののあわれ」を身にしみて感じることもできるだろう。兼好法師は、春夏秋冬のそれぞれの風情に感受性が開かれていれば、心身がうちふるえる経験を享受できるという福音をわれわれに伝えている。

古文が苦手というひとには、『現代語訳　徒然草』（佐藤春夫訳、河出文庫、２００４年）がおすすめだ。作家ならではの大胆できりっとした訳文が気持よい名訳である。

小川剛生『兼好法師』（中公新書、２０１７年）は、兼好法師が生きた時代の資料を入念に研究し、彼の出自や経歴に関する見解が彼の死後に捏造されたものであることを明らかにしたスリリングな力作である。著者は、『徒然草』の時代的な背景や当時の状況を仔細に検討し、それらを踏まえてこの古典をあらたに読み直すことを読者に期待している。

March

3月－2

挑戦する力
——学生として、社会人として——

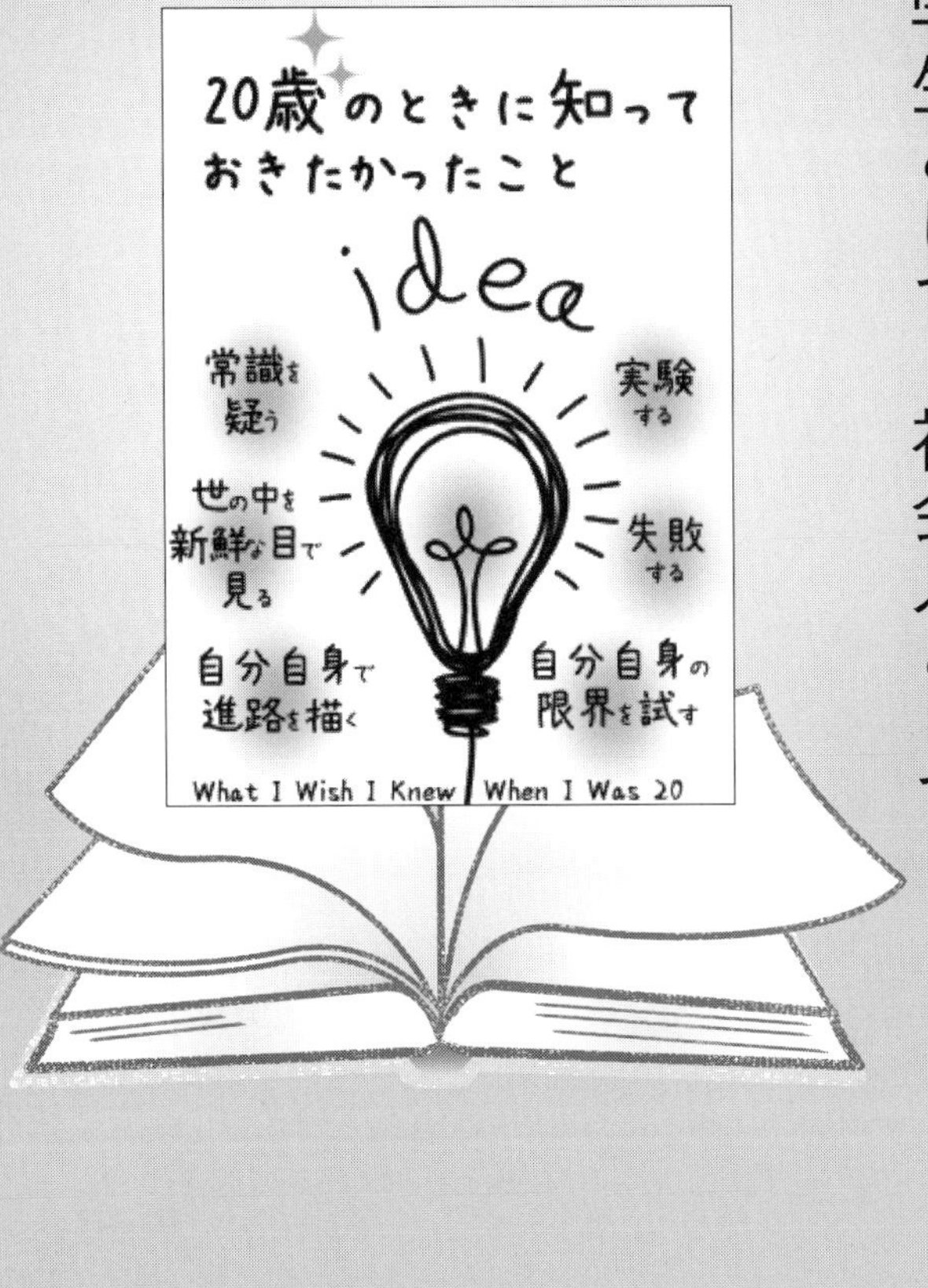

20歳のときに知っておきたかったこと
idea
常識を疑う
実験する
世の中を新鮮な目で見る
失敗する
自分自身で進路を描く
自分自身の限界を試す
What I Wish I Knew When I Was 20

テイナ・シーリグの『20歳のときに知っておきたかったこと　スタンフォード大学集中講義』（高遠裕子訳、CCCメディアハウス、2010年）は、大学生が学生としてどのように生き、卒業後に社会人としていかにふるまうかを考えるための多くの示唆を与えてくれる本である。20歳の頃にこうしておけばよかった、このことについてもっと知っておけばよかったと反省するのは、中年になって過去を振り返るときであって、青春の渦中では、五里霧中の状態で生きることが少なくない。人間関係のもつれに苦しんだり、ひとりよがりになったり、知ったかぶりをしたり、ささいなことで落ちこんだり、舞いあがったりする日々もある。しかし、遅かれ早かれ卒業すれば、学校とはまったく異なる環境のもとで、社会人として困難な日々を生きていかなければならない。学生のときには、社会人としての生きづらさがどのようなものかを推測することはむずかしいし、どのような勉強が必要になるかも想像しにくい。社会人として実際に働いてみなければ分からないことはあまりにも多いのだ。

彼女は、いずれ大学生になる自分の息子に、「社会に出たときに知っていればよかったと思うこと」（217頁）を伝えたいと願って、本書を執筆している。本書を読んで、将来に必要になることを予測し、いまできることを実行するだけでなく、社会人として生きることのむずかしさについてもあらかじめ考える機会をもてる大学生は幸いである。

ティナ・シーリグの一家は、彼女が8歳のとき、ナチスが台頭する1930年代のドイツから逃げのびて、渡米した。現在、彼女はスタンフォード大学で教え、起業家養成の講座や演習を担当している。企業の幹部を対象にした講演やワークショップなどでも活躍している。

本書の全10章のタイトルは以下の通りである。1　スタンフォードの学生売ります　自分の殻を破ろう。2　常識破りのサーカス　みんなの悩みをチャンスに変えろ。3　ビキニを売るか、さもなくば死か　ルールは破られるためにある。4　財布を取り出してください　機が熟すことなどない。5　シリコンバレーの強さの秘密　早く、何度も失敗せよ。6　絶対いやだ！　工学なんて女がするもんだ。無用なキャリア・アドバイス。7　レモネードがヘリコプターに化ける　幸運は自分で呼び込むもの。8　矢の周りに的を描く　自己流から脱け出そう。9　これ、試験に出ますか？　及第点ではなく最高を目指せ。10　実験的な作品　新しい目で世界を見つめてみよう。楽天的な見出しや、ひとを鼓舞する言い回しのオンパレードだが、彼女は一貫して読者にポジティブな態度で生きることを求めている。

第1章では、起業家精神とはなにかを身につけてもらうための演習課題に必死に取り組む学生たちの姿が紹介されている。彼女は学生たちに、常識を疑い、チャンスを見つけ、限られた資源を活用し、創意工夫をこらすことを要求している（10頁参照）。ひとつの課題はこうである。「いま、手元に五ドルあります。二時間でできるだけ増やせと言われたら、みなさんはどうしますか?」(同頁)。この課題にどのように対応したのかを、チームごとにスライドにまとめ、3分間で発表することが求められる。5ドルを元にして、650ドル稼ぎ出したチームや、うまくいかなかったチームの具体例が示されている。つぎの課題は、『これから五日間、封筒を開けてから四時間のあいだに、このクリップを使って、できるだけ多くの『価値』を生み出してください』」(14頁)というものである。もっとも面白い例として、クリップをポスター・ボードと交換し、ショッピング・センターに「『スタンフォードの学生売ります——一人買えば、二人はオマケ』」(16頁)という貼り紙を張って立てかけたチームが紹介されている。この貼り紙を見て、重い荷物の運搬を求めるひとや、リサイクル品の引取りを依頼するひとが現われた。仕事に行きづまったある女性は相談相手を求めてきて、やりとりの御礼に未使用パソコンのモニターを3台くれたという(同頁参照)。

彼女によれば、こうした演習から引き出せる教訓は以下の三つである。1　チャンスは無限にある、2　問題の大小に関係なく、手元の資源を用いて解決する独創的な方法は存在する、3　どんな問題も広い観点から見れば、解決のヒントが得られる(17~18頁参照)。演習で鍛えられた学生たちの印象はこうしるされる。「学生は、授業が進むにつれて、問題を可能性というレンズで捉えることに快感をおぼえ、最後はどんな問題でも受けて立とうという気になります」（18頁）。彼女は、自分の信念をこう表現する。「社会に出て成功するには、どんな職場であっても、人生のどんな局面でも、起業家精神を発揮して、みずから先頭に立つ術を知っておく必要があります」（19頁）。だれもが成功できるわけではないとしても、成功をめざす心構えとしては的確な指摘である。

この章では、知識詰めこみ型教育の批判が的を射ている。多くの大学では、学生は知識の暗記を強いられ、試験では正解の解答を求められる。ところが、実社会で出会う問題には、正解などない。「社会に出れば、自分が自分の先生であり、何を知るべきか、情報はどこにあるのか、どうやって吸収するかは、自分で考えるしかありません。実社会での生活は、出題範囲が決められずに、どこからでも出される試験のようなものです」（21～22頁）。大学では、親切な教師がいれば手とり足とりで教えてくれるかもしれないが、社会ではそうはいかない。彼女が言うように、自分が自分の教師になって、自分で自分を導いていかなければならないのだ。これは簡単にできることではないが、その力を少しでも鍛えるべき場所が大学であろう。シーリグは、チリ大学のカルロス・ビグノロ先生の学生への挑発的発言を引用している。「『社会に出たら、有能な教師が道を示してくれるわけではないのだから、君たちはできの悪い教師の授業を取りなさい』」（22頁）。できの悪い教師に見切りをつけた学生は、自分で考え始めるようになるからだ。

この章で注目すべきは、「失敗論」である。彼女は、学校と違って、社会では失敗が許されると言う。「じつは失敗とは、人生の学習プロセスの重要な一部なのです。進化が試行錯誤を繰り返してきたのとおなじように、人生でも、最初に間違い、途中でつまずくのは避けられません。成功するかどうかは、こうした失敗の経験から、その都度、教訓を引き出せるか、そして、新たに身につけた知識を武器にして前に進めるかどうかにかかっています」（22頁）。失敗の具体例として、スティーブ・ジョブズがスタンフォード大学の卒業式で行ったスピーチの一部が引用されている（106〜108頁参照）。自分たちが創業したアップル社を30歳でクビにされたという失敗談（レンガで頭をぶん殴られるような出来事）である（108頁参照）。ジョブズは、その後、失敗を糧として成功への道を歩んだ。

多くの自己啓発本にも書かれている「失敗から学ぶ」こととは、しでかしたしくじりの理由を仔細に検証し、今後しくじらないためになにをすべきかを反省し、つぎにいかすことである。つまずくことも、へまするともない人生はありえない。いかに用心深く生きても、思いがけない形で失敗するのが常であるが、失敗のたびに反省と自己改良を加えていけば、いつかは目ざしたもの以上の地点に到達することができるだろう。

「自分自身を、そして世界を新鮮な目で見てほしい――これがわたしの願いです」（23頁）。この願いは、最終章の冒頭でも繰り返される。彼女は、本書の全部のタイトルを「あなた自身に許可を与える」と統一してもよかったと告白し、許可の具体例を六つ示している。許可とは、自分がすべきことを自分自身でできるようにするという意味だ。その内容は、常識を疑う、世の中を新鮮な目で見る、実験する、失敗する、自分自身で進路を描く、自分自身の限界を試すということである（206頁参照）。「じつは、これこそ、わたしが20歳のとき、あるいは30、40のときに知っていたかったことであり、50歳のいまも、たえず思い出さなくてはいけないことなのです」（206頁）。彼女が20歳のときに知っていたかったことを、同じ年齢で知ったからといって、知るだけでは不十分だ。それを実生活で着実に実行する意志と覚悟をもって生きることが大切である。

第2章は、問題を解決するための工夫についてだ。そのためには、「世界を別のレンズ――問題に新たな光を与えることのできるレンズ――で見る」（26頁）ことが求められる。彼女は、「困っていることをひとつ挙げて、身の回りにあるモノを使ってそれをどう解決したか」という課題を出す。引越し前に大型家具の運送に困っていた学生は、何週間か前のパーティで余ったワインの箱に注目し、ネットに「『ベイブリッジの向こうのアパートまで家具を運んでくれたら、御礼にワイン一箱差し上げます』」（31頁）と書きこみ、うまく問題を解決したという。

第3章では、「周囲の期待を裏切った体験談」の求めに応じた、二年前の卒業生の話がまとめられている。「決まりきったステップとは違う方向に踏み出すとき、すばらしいことがおきる。踏みならされた道は通りやすいが、面白いことはおこりにくい。用意された道にとどまることは楽だが、意外なことに遭遇するチャンスを失いがちだ」といった内容だ（67頁参照）。彼女は言う。「常識は何かを考え、見直そうとすれば、そして、自分に投影された自分自身や周りの期待を裏切ってもいいと思えれば、選択肢は限りなく広がります。快適な場所から踏み出すことを恐れないで。不可能なことなどないと否んでかかって、月並みな考えをひっくり返してください」（68頁）。自分にはやばやと見切りをつけたり、自分を狭い枠に押しこめたりせずに、可能性の世界に向かって挑戦し続けてほしいというメッセージだ。

第5章のテーマは、第1章でも述べられている「失敗からいかに学ぶか」であるが、ここでは、学生に「失敗のレジュメ」の提出を義務づけている彼女が、自分の犯してきた失敗を公開している（89〜90頁参照）。彼女は、仕事上の問題で、注意力不足のため判断を誤り、会社経営に関しては、技術面でも組織運営面でも解決策を見出すのに大変な苦労をしたという。学問上では、大学の最初の2年間をさぼり、授業を最大限に活用することを怠り、大学院ではアドバイザーとの関係がうまく行かなかった。私生活では、ボーイフレンドとの対話を欠いたため、自分のほうから関係を終わらせてしまう。また、叔父の葬儀に出席するつもりだったが、他人の言いなりになり、それを取りやめてしまい、自分のこころの声に従わなかったことを悔やんでいる。

こうした自らの失敗を通じて、失敗を経験することで「しっかりと深く学ぶこと」（93頁）ができるようになると彼女は考える。「自分でやってみもしないで学ぶことはほとんど不可能です。いろいろ試してみれば、失敗も避けられませんが、そこから学ぶことがあるはずです」（93頁）。「トライ　アンド　エラー」のあとに、敗因を深く考え直す作業が伴えば、失敗は豊かな意味をもたらしてくれる。

第7章のテーマのひとつは、身の回りの環境を注意深く観察して、不断見逃しているものに気づくことの大切さである。「よほど意識して努力しないと、身の回りに注意を向けることはできません。自分自身に教え込まなければいけないのです」（148頁）。このことを分かってもらうために、彼女は、学生たちを馴染みのある場所に連れて行き、目に見えないものに注意させる演習を行っている。その結果、彼らは、音や匂い、手触り、店の成り立ち、客に対する店員の応対といった、不断気にとめないでいる要素に関心を向けるようになり、日ごろいかに目隠し状態で過ごしているかに気づいて、愕然とするのである（149頁参照）。

第9章は、学生たちに積極的な姿勢を促す内容である。彼女は授業初日のガイダンスの最後には、「『光り輝くチャンスを逃すな』」（188頁）と期待をこめて強調するという。アメリカでも、試験前になると、最小限の努力ですまそうとして、「『これ、試験に出ますか？』」（189頁）と聞いてくる学生がいるようだ。しかし、それでは自分の枠を超えられないし、見違えるような学生にもなれないと、彼女は考える。「光り輝くとは、いつでも期待以上のことをすると決意することです。裏返せば、期待される最低限のことしかしないのは、その機会を自分で台無しにしていることになります」(192頁)。「しようと思うけれども、実行には移さない」、「しなかった言い訳を繰り返す」のは駄目ということだ。「本気で何かをしたいのなら、すべては自分にかかっているという事実を受け入れなければなりません」(194頁)。自己責任の強調である。この章のおしまいでこう述べられる。「光り輝く方法は一様ではありません。ですが、すべては限界をとっ払い、持てる力を遺憾なく発揮しようとするところから始まります。及第点に満足せず、自分の行動とその結果の責任は、最終的に自分にあることを自覚することです。人生にリハーサルはありません。ベストを尽くすチャンスは一度しかないのです」(203頁)。一回限りの人生をどう生きるか。他人任せにして、自分自身に固有な生を放棄するか、言い訳ばかりして、チャレンジを避けて、人生をくすんだものにするか、それとも、いま以上の自分をつくるための努力を重ねて、人生を光り輝くものにするか、その選択が問われている。

本書では、学生時代になにをし、社会人としてなにをすべきかが、演習の実践例や社会で活躍するひとびとの描写を通じて、分かりやすく書かれている。ひとりのときのあり方、共同で活動するときのあり方、会社での働き方などについて考えるには最適の本である。著者の楽観主義になじめず、前向きに生きるのが苦手な人にとっても、自分の生活を振り返るきっかけにはなるだろう。自分の悲観主義的な態度を変えたいと望むひとには、それを可能にするためのヒントが見つかるだろう。ぜひ熟読して、いま考えるべきことを考え、実行可能なことは、ためらわずに実践してもらいたい。

おわりに

本書は、『18歳の読書論――図書館長からのメッセージ――』シリーズの5冊目の本である。今回は、タイトルを『20歳の読書論――図書館長からのメッセージ――』に改めた。阪南大学の図書館長在職時代の２０１０年から大学のＨＰに書き始めた「おすすめの一冊」は、退職後にも連載させていただいているので、もう10年以上になる。

今回も図書館職員の三笠範香さんが文面を反映するすてきな画像を作成してくださった。お忙しいなかで、時間を割いていただきありがとうございました。

「おすすめの一冊」のＨＰ掲載にご協力いただいている図書館スタッフのみなさまにも心より御礼申しあげます。

本書の出版にさいしては、これまでと同様に、晃洋書房の井上芳郎さんに大変お世話になった。このたびは、編集部の坂野美鈴さんに校正の作業を担当していただいた。

妻のゆりえは、拙文が読みやすい文章になるようにチェックしてくれた。

このような拙い書物が続けて5度までも日の目を見ることができたのは、ひとえにこれらの方々のご協力のたまものであり、衷心より感謝申しあげたい。

なお、本文中の敬称の省略については、ご寛恕願えれば幸いである。

町の本屋さんが急激に減り続けている。小さな本屋ではやっていけないという経営上の理由もあるようだが、本を読むひとが少なくなっているのも理由のひとつだろう。たまに足を運ぶ大阪の古本屋でも、本を探すひとをあまり見かけない。いったい本はどうなるのだろうかと心配にもなるが、どのような形にせよ、本が生き延びていくことは間違いない。読書が至福の時間を約束することを知るひとの傍らには、いつも本があるのだから。

本書では、青年時代にぜひ読んでほしい本を取りあげた。そのなかの一冊でも二冊でも読んで、読書の面白さを知り、読書が人生の得がたい快楽になるひとがひとりでも増えることを期待したい。

２０１９年　初秋

和田　渡

晃洋書房

19歳の読書論
—図書館長からのメッセージ—

和田 渡 著

四六判 270 頁 2800 円（税別）

新・18 歳の読書論
—図書館長からのメッセージ—

和田 渡 著

四六判 230 頁 2700 円（税別）

続・18 歳の読書論
—図書館長からのメッセージ—

和田 渡 著

四六判 186 頁 2100 円（税別）

18 歳の読書論
—図書館長からのメッセージ—

和田 渡 著

四六判 152 頁 1700 円（税別）

著者紹介

和 田　　渡（わだ　わたる）

1949年生まれ
同志社大学大学院文学研究科博士課程単位取得
現　在　阪南大学名誉教授
専　攻　哲学

著　書
『自己の探究』ナカニシヤ出版，2005年．
『18歳の読書論——図書館長からのメッセージ——』晃洋書房，2013年．
『続・18歳の読書論——図書館長からのメッセージ——』晃洋書房，2014年．
『新・18歳の読書論——図書館長からのメッセージ——』晃洋書房，2016年．
『19歳の読書論——図書館長からのメッセージ——』晃洋書房，2018年．
共　訳
『身体　内面性についての試論』ナカニシヤ出版，2001年．
『使える現象学』筑摩書房（ちくま学芸文庫），2007年．

20歳《ハタチ》の読書論
——図書館長からのメッセージ——

2020年3月30日　初版第1刷発行
＊定価はカバーに表示してあります

著　者　和 田　　渡©
発行者　植 田　　実
印刷者　藤 森 英 夫

発行所　株式会社　晃 洋 書 房
〠615-0026 京都市右京区西院北矢掛町7番地
電話　075(312)0788番㈹
振替口座　01040-6-32280

印刷・製本　亜細亜印刷㈱

ISBN978-4-7710-3301-6

人名索引

あ

か

さ

た

な

人名索引

は

ま

書名索引